Anonymus

Nützliches Handlungs-Wörterbuch

DOGMA

Anonymus

Nützliches Handlungs-Wörterbuch

ISBN/EAN: 9783955075507

Auflage: 1

Erscheinungsjahr: 2012

Erscheinungsort: Bremen, Deutschland

Nützliches

Handlungs-
Wörter = Buch,

darinnen

die gewöhnlichsten

Schreib = und Redensarten

der Kaufleute

angezeiget,

und

zum Besten derjenigen,

so sich

dem Löbl. Handelsstand

gewidmet,

kürzlich und deutlich erkläret

werden.

Regensburg,

verlegts Johann Leopold Montag,

1768.

A.

A. Dieser Buchstab wird öfters, gewisse Dinge nach ihrer Zahl und Ordnung zu unterscheiden, gebraucht; wie denn auch die Waaren mit den Alphabets-Buchstaben bezeichnet werden, um den Preiß des Ein- und Verkaufs anzuzeigen. Es werden auch der Kaufleute Schuld- oder Handels-Bücher, ingleichen gewisse Waaren zur Differenz der andern, damit bemerket, als: Lit. A. B. &c.

Abandon, heißt im Französischen See-Recht eine Begebung des Anspruchs auf ein gestrandetes Schif und andere Sachen, worauf man in dem See-Commerce Actiones und Prætensiones machen könne.

Abandonnement, Abtretung der Güter, wenn man bonis cediret.

Abavant, nennen die Franzosen diejenige Kaufleute, so in ganzen Ballen mit Seide und Wolle handeln.

Abbreviaturen, abgekürzte Wörter, heissen bey den Handels-Leuten, Banquiers und Buchhaltern diejenige Anfangs-Buchstaben oder Zeichen, deren sie sich bedienen, gewisse Handlungs-Bücher und Schriften vermittelst derselben kurz zu fassen.

Abschied eines Kaufdieners ist ein schriftliches Zeugniß eines Kaufmanns, welches er einem aus seiner Handlung Abschied nehmenden Diener wegen des Wohlverhaltens zu seinem bessern Fortkommen auf Verlangen ertheilet.

Absentiren, oder austreten, heißt eigentlich Schulden halber flüchtig werden, und sich in der Stille an einen andern Ort begeben.

Abtackeln, ist, wenn man von den Schiffen, so von einer Fahrt zu Hause kommen, die Tauen, Seegel und andere Geräthschaften abnimmt, und selbige in den dazu bestimmten Magazinen verwahret.

Abusus, so bey Girirung der Assignationen vorgehet, ist, wenn die Wechsel und Assignationes gefährlich verhandelt werden.

Acceptant, heißt derjenige, welcher von einem andern einen Wechselbrief annimmt, und mit dem Worte: *Acceptirt*, nebst seinem Namen unterzeichnet, auch solchen auf den Verfall-Tag zu zahlen verspricht.

Acceptiren, oder annehmen, heißt sich nicht nur mündlich, sondern auch mit Unterschreibung des Worts: *acceptirt*, und seines Tauf- und Zunamens und des Tages bezeugen, daß man dem Präsentanten oder Ueberbringer des Wechselbriefes, den Wechsel nach dessen Innhalt bezahlen wolle.

Accident, ein zufällig Ding, das von ohngefehr geschieht.

Accidentaliter, zufälliger Weise,

Acci-

Accidentien, gewisse Belohnungen oder Neben-Einkünfte.

Accise, ist eine gewisse Anlage, da nicht nur von den Waaren bey ihrer Einfuhre ins Land, und Ausfuhre aus dem Lande, zum Verkehr, sondern auch von den Lebensmitteln, die täglich consumiret werden, etwas nach dem Werthe desselben gegeben wird.

Accommodement, eine Beylegung; man pflegt zu sagen: Ich habe mich mit ihm accommodirt oder vortragen.

Accommodiren, sich bequemen oder zurecht machen, vertragen.

Accompagniren, begleiten.

Accord, Vertrag, Vergleich; in Handlungs-Briefen wird bisweilen gesetzt: Ich will es dem Herrn d'Accordo notiren.

Accordiren, einen Vergleich treffen. Dieses Wort wird insonderheit von fallit gewordenen Personen gebrauchet, wenn selbige sich mit ihren Gläubigern (Creditoribus) verstehen, daß ihnen die Letztern einen Theil ihrer Schuldforderung freywillig erlassen, und ihnen auch wohl noch zur Bezahlung des Ueberrests Frist geben.

A costi, ist der Ort, da man hinschreibt, damit man solchen nicht so oft nennen darf; man pflegt bey Handlung dahero zu sagen: costige Briefe oder Waaren, das sind die Briefe oder Waaren, nach welchen ich hin correspondire.

Actie,

Actie, ist in Holland, wie auch in Frankreich, Engelland und Dännemark, der Verkauf der Obligation auf diejenigen Capitalien, die jemand in der Ost-und West. Indischen Compagnie hat, worauf dann die Obligation ihren Namen verlieret, und Actie genennet wird.

Actioniren, heißt einen verklagen und mit demselben ins Gericht gehen.

Actionist, oder *Actionaire*, ist derjenige, welcher in einer Handlungscompagnie Actien hat.

Activ-Schulden, sind diejenige, die ein Kaufmann ausstehend und von andern Leuten zu fordern hat; Passiv-Schulden hingegen, die er schuldig ist und als Debitor zahlen muß.

Addresse, heißt Aufschrift, die man auf den Rücken des Briefs setzet.

Addressiren, heißt etwas an einen Ort oder Person schicken.

Ady, oder *Adi*, der Tag des Monats, welches Wort in Wechselbriefen gebräuchlich ist, vom Tag den Tag, Datum gegeben.

A ditto, bedeutet in Briefen denjenigen Tag, der nächst vorher gemeldet worden.

Adjustiren, eine Sache oder Rechnung richtig machen.

Admittiren, zulassen.

Adovére, Schuldigkeit.

A Dritura, à Droiture, heißt bey den Kaufleuten soviel, als geraden Wegs zu, die rechte nächste Strasse, da kein Umweg oder Umgang darf genommen werden.

Adroit, geschickt.

Adver-

Advertiren, avertiren, heiſſet benachrichtigen; daher kommen der Kaufleute ihre Advis-Avis-oder Aviſo-Briefe, Nachrichts-Briefe, die ſie über traſſirte und remittirte Wechſel, ſpedirte Güter und andere Begebenheiten abſenden; wie man auch öfters zu ſchreiben pflegt: ich habe ihme bereits Aviſo hievon gegeben, oder aviſirt, ingleichen per Aviſo, zur Nachricht.

Affaire, heißt eine Sache, damit man beſchäftigt iſt, wo man arbeitet.

Affection, Zuneigung; ich bleibe dem Herrn affectionirt, günſtig, gewogen.

Agent, einer, der des andern Geſchäfte verrichtet.

Agio, oder l'agio, Aufwechſel, Zugabe, welche auf ein ſchlechtes Geld, wann ſolches gegen ein beſſeres verwechſelt wird, muß gegeben werden.

Agnoſciren, erkennen, annehmen, geſtehen.

Agozinato, wird zur Abwechslung in Briefen gebraucht, und heißt ſoviel als menſe paſſato oder vergangenen Monats.

Agreeur, heißt derjenige, der zu einem Kauffarthey-Schiff alles hergiebt, was darzu gehört, daß es in See gehen kan.

Agreiren, heißt vor gut befinden, billigen, beſtättigen oder ratificiren.

A la pari; al pari, gleich um gleich, Geld um Geld, ohne Aufwechſel verwechſeln.

Al arrivo, bey Ankunft.

Al corſo, iſt nach dem laufenden Preiß verhandeln.

Al marco, Ducaten al marco verhandeln, iſt, ſol-
che ſo zu verhandeln, daß ſie zuſammen gewogen, und nach alsdann erfindlichen Gewicht
bezahlt werden.

Al peſo, gewichtig, Ducaten al peſo verhandeln,
iſt Stück für Stück, als gewichtig verhandeln.

Alterum tantum, wird geſagt, wann die Zinſen
auf das Capital ſo hoch geſtiegen, daß ſie dem
Capital gleich ſeyn.

Amanco, heißt, wenn ich für meinen Correſpon-
denten in Vorſchuß ſtehe; ich ſehe meinem
Amanco ſtündlich entgegen.

Anatociſmus, Zins auf Zins; wenn der Zins,
welcher jährlich ſollte bezahlet werden, wieder
zum Capital geſchlagen, und wieder mit ver-
zinſet wird; welches aber in den Rechten verbothen iſt.

Annotiren, aufzeichnen.

Annulliren, vernichten, abſchreiben; z. E. der
Herr beliebe die gemachte Nota zu annulliren.

Anticipando, voraus, vorher, geliefert.

Anticipiren, vorſchieſſen, jemand anticipando
bedienen, iſt eines Committenten Commiſſion,
ehe ſeine Gelder eingegangen, effectuiren und
das dazu Erforderliche vorſchieſſen.

Antidatiren, geſchiehet, wenn man einen Wech-
ſelbrief, Obligation und Quittung von einem
ältern Dato, als den Tag der Ausſtellung,
datirt.

Antipathie, natürlicher Haß, den die Menſchen
gegen einander haben.

Anzi,

Anzi, wird öfters statt P. S. oder Nachschrift gebraucht, wenn nach Schliessung des Briefs
noch was mit anzumerken ist.

Apparence, Apparenz, der äußerliche Schein und
Ansehen: in Handlungs-Briefen wird vielmal gesetzt: ich habe die Colli oder Waaren der
äusserlichen Apparenz nach wohl erhalten.

A part, besonders.

Apertur, Eröfnung, Nachricht.

A piacere, heißt nach Belieben, oder in Wechselbriefen auf Sicht (a Vista) dahero werden
in einigen Wechselordnungen die Wechsel a
Vista, auch a piacere genennet.

Appliciren, auf ein Ding ziehen, man sagt, er
weiß sein Wort oder auch seine Waaren perfect zu appliciren.

Appointiren, sich vergleichen, in Rechnungs-
Sachen mit einander überein kommen.

Approbation, Billigung, Bekräftigung.

Approbiren, billigen, gutheissen.

A propos, so recht, zurecht.

Appropriren, zueignen, bequem machen.

A punto, a punto traßiren, heißt, eine Forderung auf den letzten Heller traßiren und also
die Rechnung völlig saldiren.

Arbiter, *Arbitrator*, ein Schiedsmann, den die
Kaufleute auch einen guten Mann nennen,
wird bey entstandenen Streitigkeiten erwäh-
let, dessen Ausspruch sie sich zu Vermeidung
schwerer Proceße unterwerfen.

　　　Arbi-

Arbitrage, wann ich meinen Correspondenten Wechselbriefe zu einem gewissen Preis auf diesen gegen Wechselbriefe auf jenen Handels-Platz offerire, und dieser solche Offerte annimmt.

Arende, ein Güter-Pacht.

Argent content, baar Geld.

Arreſt, arreſtiren, Güter mit Arreſt belegen, oder in Beschlag nehmen; solches geschiehet, wenn entweder dem, in deſſen Verwahrung sie sich befinden, selbige abfolgen zu laſſen, verbothen; oder wenn selbst die Gerichte Hand darauf geleget, und dieselben an dem Orte, wo sie sich befinden, versiegelt, oder verschloſſen, oder auch in des Gerichts-Verwahrung gebracht werden.

Arriviren, ankommen; es iſt ihm arrivirt; die Güter sind arrivirt.

Aſſecurance, Versicherung.

Aſſecuriren, versichern, Bürge für etwas seyn.

Aſſignation, aſſegno, iſt unter Kaufleuten sehr gebräuchlich, und gereicht zu ihrer Commodité, damit man nicht allzeit baar Geld auszahlen darf.

Aſſigniren, anweisen, eine Aſſignation geben, heiſſet meinen Gläubiger, (Creditorem) auf meinen Schuldner (debitorem) verweisen, so daß nun mit allerseitiger Genehmhaltung mein Debitor der Debitor meines Creditoris wird, und ich also nunmehrs aufhöre Creditor und Debitor zu seyn.

Aſſiſtenten, werden bey Holländischen Comtoirn in Indien die Buchhalter genennt.

Aſſi-

Aſſiſtiren, beyſtehen, helfen.

Aſſociiren, in Compagnie, Geſellſchaft oder So-
cietæt aufnehmen, ſich vergeſellſchaften.

Aſylum, eine Frey-Stadt, dahin ein Banquero-
tier ſeine Zuflucht nehmen, und ſo er einen
Obrigkeitlichen Schutz-Brief hat, vor Ver-
folgung der Creditoren ſicher ſeyn kan.

Ataxia, eine Unordnung in Wechſel-Tagen.

Atteſtat, *atteſt*, ein Zeugnis, Beſcheinigung.
Die Kaufleute haben vieles mit Atteſtaten zu
thun, vor eigene und fremde Rechnung, wann
ſie Schaden zur See ꝛc. gelitten, oder das gute
oder ſchlechte Befinden dieſer und jener Waare
bezeugen wollen.

Atteſtiren, bezeugen, darthun.

Avanciren, vorſchieſſen, es heißt auch, in ſeinen
Sachen vor ſich kommen, Glück haben, ſteigen.

Avantage, *avantaggio*, Nutzen, Vorzug.

Avantageuſe. vortheilhaft.

Avanture, Zufall, Begebenheit ; par avanture,
aus unvermutheten Zufall.

Avanciren, dem andern Geld vorſchieſſen.

Avanzo, *avance*, der Gewinn, der in der Handlung zufließt; man ſpricht und ſchreibt vielmal
bey Handlung: er hat ziemlich bey mir in avanzo; ferner, ich habe ihm ſchon genug Geld avancirt; er avancirt, kommt gut fort; par avance;
voraus.

Avarie, Haverey, heiſſen alle Unkoſten und Schaden, welche ein Schiff während ſeiner Reiſe
gehabt, und welchen zu erſetzen, ein jeder In-
tereſſent pro Cent etwas gewiſſes zahlen muß.

Auctio,

Auctio, eine Ausbietung und öffentlicher Ausruf.

Auctioniren, heißt eine Sache öffentlich feil bieten, und demjenigen, der am meisten darauf bietet, zuschlagen.

Avertiſſement, eine Kundmachung, Vorrede oder Benachrichtigung von etwas.

Aufschlagen, heißt eigentlich in der Kaufmannschaft, wenn die Waaren, entweder wegen Miswachs, oder Kriegsläufte, oder Schiffbrüche, oder wegen anderer Zufälle, nicht mehr um den vorigen Preis können gegeben werden.

Augmentiren, vermehren.

Auslage, ist an den Buden oder Läden der Ort, wo sie ihre Waaren zur Schau auslegen.

Auspacken, heißt bey den Kaufleuten, die ihnen zugeschickten Ballen, Kisten und Fäßer öffnen, um die darinn befindlichen Waaren heraus zu nehmen.

Ausschneiden, dieses saget man von den Kramern, welche ihre schneidende Waaren einzeln verkauffen.

Ausschuß, Ladenhüter, heißt in der Handlung eine Waare, welche untauglich ist, und daher von der guten abgesondert worden. Auch wird das Wort Ausschuß bey Wechsel- und andern Geld-Auszahlungen von den schlechten und geringhaltigen Münzsorten gesagt.

Authentique, bewährt, glaubwürdig.

B.

B.

Baar Geld, baare Bezahlung, pecunia parata, argent contant, wird der Bezahlung auf Termine oder gewiſſe Zeit entgegen geſetzet; und gleichwie bey der Bezahlung auf Termin der Käufer ordentlich fürs Hundert etwas drüber geben muß: ſo kan er hingegen bey baarer Bezahlung öfters vom Hundert etwas weniger geben.

Bagage, heißt, was aufgepackt und auf Reiſen mitgeführet wird.

Balance, Bilantz, Waage, Gewicht, Gleichgültigkeit: Bey Kaufleuten hat dieſes Wort die Bedeutung der monathlich = oder jährlichen Schluß = Rechnung, da Debit und Credit, wann recht übergetragen, gleich aufgehen muß.

Balaſt, wird bey den Schiffern der grobe Sand und Steine genennet, welche in den unterſten Grund des Schiffes geſchüttet werden, daſſelbe zu beſchweren, damit es tief genug im Waſſer gehe.

Ballots, Ballen, Tuch ꝛc. zum verſenden.

Bancalitäts = Werk, begreift alles dasjenige unter ſich, was bey denen ſogenannten Banquen ſowohl in Anſehung der damit getroffenen Ordnung und Einrichtung, als auch dero dazu gehörigen Perſonen und andern dahin einſchlagenden Dingen beträchtliches vorkommt.

Banco, Banque, eine gewiſſe Sorte Geld; auch bey den Kaufleuten ein aus öffentlicher Autorität etablirtes und privilegirtes Haus, in welchem

chem sie ihre Gelder , theils zur Verwahrung und mehrerer Sicherheit , theils zur Commodität, des vielen Auszehlens überhoben zu seyn, niedersetzen, und hernach, dem sie schuldig, von solchen Geldern eine gewisse Summam zu · von ihrer Rechnung aber abschreiben lassen, da hingegen ihnen von andern auch wieder dasjenige, was sie in Banco-Geld von ihnen zu fordern haben, solchergestalten zugeschrieben wird, und dieses nennet man einen Giro, oder perpetuirliches Ab· und Zuschreiben , vermöge welchem viel tausend Thaler umgesetzt , auf Rechnung eingenommen und wieder ausgezahlet werden, ohne daß dabey ein Kreutzer durch die Hände gehe, sondern nur ein Assignations·Zettul in die Banco eingebracht wird.

Banco-Agio, wird das auf die denen öffentlichen Banquen·Capitalien gelegte Aufgeld genennet.

Banco del Giro, ist eine Art Banco, worin ich zwar meinen Creditoren durch Ab· und Zuschreiben zahlen, keineswegs aber meinen Avanzo in baarem Geld empfangen und herausziehen kan.

Banco-Bediente, sind die zur Banco beeidigte Buchhalter und Cassiers.

Bannisiren, verweisen, verjagen.

Banquerotte, Falliment, von Banco rotto, dem zerbrochenen ausgeleerten Wechsel·Tisch oder Cassa also genannt, wird gesagt von einem solchen Kaufmann, der ausgehandelt, in Schulden verfallen, seine Glaubiger und Wechsel·Briefe nicht mehr bezahlen kan, keinen Credit mehr hat ꝛc.

Ban=

Banquerottiers, oder Falliten. Ersteres Wort wird hauptsächlich denenjenigen Personen zugeleget, welche ihre Gläubiger muthwilliger Weise nicht bezahlen, oder bezahlen können. Letzteres aber wird nur von solchen gebraucht, welche ihre Gläubiger unschuldiger Weise entweder nicht zur rechten Zeit, oder auch wohl nicht völlig befriedigen können.

Banquier, ein Wechsler, ein Kaufmann, der sehr viel Geld in der Banco und also grossen Credit hat, daß er jedem in Handelsstädten acceptable Wechselbriefe verschaffen kan.

Barattiren, sagen die Kaufleute, wenn sie tauschen, eine Waare gegen die andere verhandeln, dahero pflegen sie zu sagen: ich habe mit ihm barrattiret; diese Waare habe ich in Barratto empfangen; dieser Barratto stehet mir nicht an.

Baratto, Tausch oder Permutation, eine aus der alten Welt noch herrührende Art zu handeln, da das Geld noch nicht im Gebrauch gewesen, und also Waaren gegen Waaren haben müssen verstochen werden.

Barque, ist eine Art von Schiffen, werden sehr auf der mittelländischen See gebraucht, dienen gemeiniglich Kaufmanns-Güter und Victualien überzubringen.

Basta, heißt bey den Italiänern soviel als sufficit, es ist genug: die deutschen Kaufleute brauchen es auch sehr oft als ein Flickwort in ihren Briefen, wenn sie etwa hier und da einen Absatz machen, auch sonderlich der Sache einen Nachdruck geben wollen.

Be-

Beneficium, *Beneficium Juris*, Wohlthat des Rechtes; deren haben die Kaufleute sehr viel, sonderlich die, so die Messen besuchen, dahin auch gehört, daß ihren Handels-Büchern ein grosser Beweiß zugestanden wird.

Beståter, Beståttger, Güterbeståter, sind von Kaufleuten bestellte Personen, welche alle Umstånde der Fuhrleute, so Waaren bringen und abführen, zu ordnen und anzumerken haben.

Bianco, in bianco stehen, ist, wenn ich die im Wechsel-Negotio zu fordern berechtig seyende Versicherung nicht haben kan.

Bilanziren, heißt aus den Rechnungsbüchern der Kaufleute einen genauen Auszug aller Einnahmen und Ausgaben machen, um zu erfahren, was jåhrlich gewonnen oder verlohren worden.

Billet, ein kleiner Brief oder Zettel.

Blame, Låsterung, Schimpff.

Blamiren, beschimpfen, übel nachreden.

Blanc, ist dasjenige Theil in den Tage-Büchern der Kaufleute, so nicht beschrieben.

Blanca Carta, oder *Blanquet*, item *Carta-Bianca*, eine unbeschriebene Vollmacht, ist ein weisses Papier, unten entweder mit dem Namen allein, oder zugleich mit dem Insiegel desjenigen bezeichnet, der solches an einen andern, dem er zu einer gewissen Sache Vollmacht giebt, als e. g. einen Schuldner zu arrestiren, desgleichen in seinem Namen eine gewisse Obligation, Wechsel, Contract, Supplic oder Vollmacht,

macht darauf zu extendiren, ausstellen will,
damit dieser etwas gewisses darauf schreiben
und in dessen Namen verrichten könne. Man
muß auch der Redlichkeit solcher Leute gewiß
seyn, denen man Blanquets anvertrauet.

Bodmerey, heißt bey Schifleuten ihr Handel
mit dem Geld, welches sie nur mit Versicherung ihres ehrlichen Namens aufnehmen, da-
gegen aber sehr grosses Interesse geben müssen.

Bærse, Bursa oder Börse, ist in grossen Handels-
Städten ein ansehnlich- und wohl gelegenes Ge-
bäude oder freyer Platz, woselbst zu Mittag und
Abends die Kaufleute zusammen kommen, und
von ihren Handels-Angelegenheiten sich mit
einander besprechen, auch allerley Verkehrung
mit Wechsel, Geld, Waaren, und dergleichen anstellen.

Bona Fides, guter Treu und Glauben; bona fide
handeln, auf Treu und Glauben handeln.

Bonificiren, gut thun, ich will ihm den Schaden
bonificiren, gut machen, ersetzen.

Bonis cediren, geschiehet von *Falitten*, wenn sie
ihren Creditoren Haab und Gut abtreten.

Bonum publicum, das gemeine Beste.

Boot, ist eine Art kleiner Fahrzeuge, welche
vornen breiter, als hinten, sind. Ein jedes
grosses Schiff ist sowohl zu Lichtung der Anker,
als auch, Holz, grosse Wasserfässer und andere
schwere Sachen, in das Schiff zu bringen,
mit einem solchen Boot versehen.

Bootsknechte, oder Bootsleute, sind soviel als die Schiffsleute, oder Ruderknechte. Sie werden auch sonsten Matrosen genennet.

Bootsmann, ist ein See-Bedienter, deren meistentheils zween auf einem Schiff sich befinden, und Ober- und Unter-Bootsmann genennet werden, von welchen ein jeder seine besondere Beschäftigung auf dem Schiff hat.

Brevia testata, Lehr-Briefe.

Brillant, heißt überhaupt alles, was glänzend ist und in die Augen spielet oder leuchtet.

Bruit, das allgemeine Geschrey, die herumgehende Zeitung.

Brutto, heißt bey denen Kaufleuten die Waare, wie sie noch in Sack und Fässern stehet, und von welcher die Tara oder der Abzug wegen des Sacks oder Fasses noch nicht gemacht worden, rc. Die Kaufleute pflegen zu sagen: diese Waare hat brutto auch sporco samt der Emballage oder Packgut so und so viel gewogen; wenn sie aber sagen: die Waare hält netto so und soviel, so ist das Gewicht der Emballage schon abgezogen.

Buchhalten ist die Kunst, ein ordentliches und richtiges Verzeichniß aller Handlungen und genaue Berechnung aller Ausgaben und Einnahmen, Activ- und Passiv-Schulden zu führen, daß man daraus gar leicht auf einmal die ganze Beschaffenheit der Handlung, deren Ab- und Zunehmen, übersehen kan.

Buch=

Buchhalter heißt bey vornehmen Kaufleuten
derjenige Bediente, der das, was täglich ge-
handelt und umgesetzt, aufgenommen und aus-
geliefert, empfangen und bezahlet, ein- und
verwechselt, in Banco gebracht und wieder
heraus geholet, assigniret und rescontriret,
an Waaren verkaufet und eingekaufet wird, ꝛc.
genau und ordentlich aufschreibt.

Bureau de Commerce. Also wird in Frankreich
diejenige Versammlung genennt, die aus 8
von dem König selbst ernennten Männern be-
stehet. In dieser Versammlung wird unter-
sucht, was zur Handlung gehöret, sowohl
zu Wasser als zu Land, in und außer dem Kö-
nigreich, wie auch dasjenige, was die Fabri-
quen und Manufacturen anbetrift.

Buyse, ist eine Art von Flibots, deren sich die
Holländer zu dem Herings-Fang bedienen.

Byon a Buono, oder *Cambium de Buono,* wird
gesagt, wann die Haupt-Personen in Handlung einen Wechsel schliessen und sich keines
Sensals oder Unterhändlers bedienen.

C.

Cabaliste, ist ein Handlungswort, so besonders
in der Provinz Languedoc gebräuchlich ist. Es
bedeutet einen Kaufmann, welcher die Handlung nicht in seinem eigenen Namen treibt,
sondern sie für einen andern führet,

Calculation, Calculo, der Ueberschlag, die Ausrechnung, heißet bey den Kaufleuten, wann
sie über eine verschriebene Waare ihre Rechnung machen.

Calculiren, rechnen, Ueberschlag machen; man
pflegt bey Handlung zu sagen: er hat nicht
wohl calculiret; nach seinem Calculo finde es
so und so ; er bleibt mir schuldig salvo errore
calculi; man setzt es vielmal unter die ausge-
zogenen Rechnungen, und præcaviret sich
gleichsam hiedurch, daß, wenn man sich sollte
in der Ausrechnung versehen haben, solches
nicht zum Schaden gereichen möge.

Calibre, wird öfters gebraucht, wann ich spreche:
die Sache ist nicht eben von dem Calibre, nicht
nach der Art, dergleichen Einrichtung, oder auf
gleichem Modo befasset.

Cambio, Change, ein Wechsel, dahero Lettere
di Cambio oder Lettres du Change, Wechselbriefe genennet werden. Es wäre zu weitläuftig, wann man alle die Wechsel, als Cambio
Conto, Cambio di Ricorſa, Cambium Feria-
rum, Cambium irregulare, Cambium Littera-
rium, Cambium reale, Cambium minutum
und noch viele andere beschreiben wollte, deren Beschreibung in verschiedenen Handels-
Autoren zu finden.

Cambiſt, ist soviel als ein Banquier oder Wechsler.

Capable, fähig, geschickt.

Capital, heißt eine gewisse Summe Geldes; bey
Kaufleuten wird das Geld, so in ihrer Handlung steckt, das Capital genennet. Capital
heiſ-

heiſſet daher auch das von verſchiedenen Perſonen zu einer gewiſſen Handlung oder Vorhaben zuſammen geſchoſſene Geld.

Capital - Buch, iſt bey Kaufleuten ein ſonderlicher Auszug aus dem Journal, darein eine jede Poſt mit kurzen, jedoch deutlichen Worten getragen wird.

Capital - Conto, Capital-Rechnung wird von Kaufleuten über das Geld, ſo in ihrer Handlung ſtehet, gehalten.

Capitaliſt, heißt ein Mann, der viele Capitalia ausſtehen hat, daß er allein von dem Intereſſe leben kan.

Capo, wird bey Handlung gebraucht, wann einer als das Capo oder Haupt über eine Handlung geſtellt wird.

Caprice, Eigenſinn; er capricirt ſich darauf, er bildet ſichs ein, er ſetzt ſich darauf.

Carga, Liſte di Carga, ein Verzeichniß der Schifs-Ladung, für welchen Kaufmann ſie gehöre, und was das Schiff inne hat.

Caſſa, die Geldkiſte, worinnen die Kaufleute ihr Geld verwahren, und worüber ein eigenes Caſſa-Buch gehalten wird. Löſungs-Caſſa, iſt das Käſtlein, worein alles Geld geworfen wird, ſo man täglich löſet. Caſſa bedeutet auch ſoviel als baares Geld.

Caſſiren, heißt etwas aufheben, vernichten, Rechnungen zerreiſſen, abſchaffen, ingleichen baare Gelder einziehen oder einnehmen.

Caßirer wird derjenige genennet, der die Geld-Einnahm und Ausgab beſorget.

Caſ

Categorisch sich resolviren, sich rund heraus erklären.

Cavent, heißt ein Bürge, der für etwas gut saget, oder für die Zahlung stehet.

Caviren, gut sagen, Bürge werden, dafür stehen.

Caute, fürsichtig; man muß ganz caute in der Sache gehen.

Caution, Bürg-Leistung.

Cediren, abtretten, weichen, nachgeben.

Censur, Urtheilung, Erwegung.

Cento pro Cento, hundert auf oder von hundert, doppelter Gewinnst oder Verlust und noch einmal so viel.

Certificat, Beglaubigungs-Schein, ist ein schriftliches Zeugnis einer glaubwürdigen Person, wodurch sie die Wahrheit einer Sache bekräftiget.

Certificiren, wahr, gewiß machen.

Certiren, wettstreiten.

Cession, Verzicht, Abtritt.

Chaloupe ist ein kleines, hinten und vornen spitziges Fahrzeug, durch dessen Hülfe Personen und Waaren auf die grossen Schiffe ab- und zugeführet werden.

Changement, Veränderung, Tausch.

Changiren, verwechseln, vertauschen, troquiren, wenn entweder Geld gegen Geld, oder Waare gegen Waaren verhandelt wird.

Charge, Amt, Dienst, auch eine Last.

Chargiren, belästigen, schlagen, treffen.

Chicane, List, faule Ausflucht im Handel, Spielen 2c.

Chi-

Chicaniren, betrügliche Griffe gebrauchen.

Citiren, vor Gericht oder anders wohin laden.

Cito, geschwind, bald, hurtig, eilig.

Civil, höflich, bescheiden, civiler Preiß, ein billiger Preiß.

Civilegium, ein Beweis, so eine Stadt-Obrigkeit ihren Kaufleuten giebt, daß solche ihre Stadt-Bürger und Einwohner sind, die wegen alten Verträgen an gewissen Orten Zollfrey sind.

Cladde, Manuale, Strazze, Scarto foglio, ein Hand-Buch, so die Kaufleute halten, und alles, was täglich in ihrer Handlung vorkommt, in dasselbe eintragen.

Classes, oder Classen, sind gewisse Eintheilungen der Glaubiger bey einem Concursu Creditorum, nach welchem einer vor dem andern bezahlet wird.

Clausul, Anhang, eine kurze Wort-Verfassung, wodurch etwas erweitert, geengert, oder erkläret wird.

Clausuliren, mit Clauseln verwahren.

Client, der von einem andern dependiret, oder sich dessen Schutz untergiebt.

Clima, die Beschaffenheit der Luft und Witterung eines gewissen Landes, auch eines Orts; item Gegend des Himmels.

Collatio, eine Vergleichung, da jeder seinen Theil in die Gewinn-Massa wirft.

Collationiren, eine Schrift gegen die andere halten, um zu sehen, ob es von Wort zu Wort gleich lautet, und nichts ausgelassen worden,

es

es seye in Abschreiben, Schriften oder Rechnungen.

Collecte, Beysteuer, Vorbitte, Sammlung.

Colli, ein Italienisches Wort, wird bey den
Kaufleuten gebrauchet, und bedeutet soviel,
als ein Stück, Kiste, oder Ballen Waaren.

Colligiren, sammlen.

Commandiren, befehlen, Commando, Befehl.

Commerce, Commercium, Handel und Wandel,
Gewerb, Gemeinschaft.

Commercien-Cammer, heißt eine Versammlung von Kauf- und Handelsleuten, worinnen
Handels-sachen abgehandelt werden.

Commercien-Räthe heissen eigentlich diejenigen Personen, welche von den hohen Obrig-
keiten zu besserer Aufnahme der Handlung be-
stellet werden, um bey vorfallender Gelegenheit in Handlungssachen entweder nur ihr Gutachten zu ertheilen, oder gar die General-Di-
rection zu führen.

Commis, ein Abgeschickter, Befehligter.

Commission, eine aufgetragene Handlung, daß ich
einem Güter ein- oder zu verkaufen gebe, dahero kommen die Commissionairs.

Commod, bequem.

Communiciren, mittheilen, von etwas part geben.

Compact, Abrede, Vergleich.

Compagnie, eine Gesellschaft, die sich an einem
Ort oder auf einen Zweck zusammenhalten,
dahero die Compagnie-Handlungen kommen.

Compariren, erſcheinen; die Güter ſind noch nicht comparirt, noch nicht zum Vorſchein gekommen.

Compendios, kurz, fein, eng zuſammen.

Compenſation, ein Abtrag, Abfindung, Schad-losſtellung.

Compenſiren, heißt einem Gläubiger eine der Summe, die er fordert, gleiche Summe, die er ſelber ſchuldig iſt, zur Zahlung angeben.

Competenz, Anſpruch, gleiche Befugniß.

Complet, vollſtändig.

Complexion, Zuſtand des Temperaments.

Complimentarius, ein Gevollmächtigter in einer Handlung.

Complimentiren, Ehren-Gepräng machen.

Compliren, erfüllen.

Comportement, Aufführung, Bezeugung.

Comportiren, ſich mit einem wohl vertragen.

Compromiſs, Einwilligung, Gegen-Verſprechung.

Compromittiren, mit einander einig werden.

Concediren, zulaſſen.

Concept, eine aufgeſetzte Schrift.

Concerniren, anbelangen.

Concipient, ein Brief-Verfaſſer.

Concordiren, übereinſtimmen.

Concurſus, Verſammlung.

Concurſus Creditorum, die Zuſammenkunft der Gläubiger, wann einer in große Schulden ge-rathen iſt.

Condemniren, abſprechen, verurtheilen.

Condition, Bedingung, Zustand, Gelegenheit. Die Güter sind wohl conditionirt, nemlich in gutem Stande angekommen.

Conditionaliter, mit Bedingung.

Condolenz, Mitleiden.

Condoliren, Mitleiden haben.

Condotta, die Spedirung, Fortschaffung der Kaufmanns-Güter durch Factors oder Spediteurs.

Conduite, Aufführung; der Mensch ist von schlechter Conduite, der noch nicht gelernet, wie man sich aufführen oder bezeigen soll.

Conferenz, eine Unterredung.

Conferiren, miteinander Unterredung halten.

Confinen, Land-Gränzen, Nachbarschaft.

Confirmation, Bestättigung.

Confirmiren, bekräftigen, bestättigen.

Confiscatio, die Einziehung der Güter.

Confisciren, einziehen, verarrestiren.

Confrontiren, gegeneinander abhören.

Confundiren, verwirren, irre machen.

Confusion, Unordnung, Verwirrung.

Connivenz, Nachsicht.

Conniviren, durch die Finger sehen.

Connoissement, ein Fracht-Brief zur See.

Consens, Bewilligung, Urlaub.

Consentiren, einwilligen.

Conserviren, erhalten.

Considerable, ansehnlich.

Consigniren, an einen überschreiben, überweisen, addressiren; desjenigen, an den ich die Güter schicken will, sein Zeichen darauf machen.

Con.

Confort, Mit = Verwandter, Handels = Gesell=
schafter, Handlungs = Compagnion, der glei=
ches Handels Glück und Unglück mitträget.

Confueto procuriren, wird in der Correspondenz
mit angebracht, und will so viel sagen, wann
ich einem einen Wechselbrief zuschicke, er soll
gewöhnlich damit verfahren, oder von dem ein=
gesandten Wechsel guten Gebrauch machen.

Confuliren, einen andern um Rath fragen.

Confulziren, überlegen, berathschlagen.

Confumiren, verzehren, durchbringen.

Confumtion, oder **Confumo**, heißt bey den
Handelsleuten insonderheit soviel, als der Ab=
gang und Vertrieb der Waaren.

Contant kaufen, heißt gleich bey dem Empfang
der Waare das Geld baar dafür erlegen.

Contenance, das Verhalten, die Fassung des Ge=
müths.

Contentiren, vergnügen, bezahlen.

Contento, Vergnügung, Befriedigung.

Contentum, oder Contenta, der Inhalt oder die
in einem Brief begriffene Sachen.

Contefliren, bezeugen, betheuern.

Context, die Folge der Worte.

Continent, alsbalden; ich will in continenti ant=
worten.

Continuiren, fortsetzen.

Conto, eine Rechnung, deren unterschiedliche,
als: Conto Corrente, einlaufende Rechnung,
da man alle baare Gelder, auch per contant
verkaufte Waaren, Unkosten, bezahlte oder
empfangene Wechsel ꝛc. aufsetzet. *Mio Conto*
Cor-

Corrente, ift meine baare Gelder-Rechnung, die ich mit meinem Factor in fremden Ländern habe. *Suo Conto Corrente*, ift die baare Gelder-Rechnung, die er bey und unter mir hat; à Conto stellen, auf eines seine Rechnung stellen.

Contoir, Contor, eine Schreib-Stube.

Contoirift, einer der auf der Schreib-Stube zu schreiben und dieselbe zu verwalten hat.

Contraband, verbothene Waaren; contrabande Waaren, sind solche Waaren, welche in einem Lande aus- oder einzuführen verbothen.

Contra-Cambio, heißt bey Kaufleuten der Gegen-Wechsel.

Contract, ein aufgerichteter Vergleich, Abrede eines Dings.

Contradiciren, widersprechen.

Contramandiren, ein anders befehlen.

Contrapart, Gegentheil.

Convenienz, Vergleichung.

Conveniren, sich schicken, vergleichen.

Conversation, Gemeinschaft.

Conversiren, Gemeinschaft pflegen.

Convinciren, überwinden, überweisen.

Convociren, zusammenruffen.

Convoy, Geleit.

Convoyren, begleiten.

Copert, Couvert, eine Decke von Papier, darein etwas gebunden oder versiegelt wird, ein Umschlag zu Briefen.

Copia, Copie, Copey, Abschrift eines Originals.

Copier-Buch ift bey den Kaufleuten das Buch, worein alle Briefe abgeschrieben werden.

Copift,

Copiſt, ein Ab= oder Nachſchreiber.

Correſpondent, der mit einem ſchriftliche Hand=
lung führet.

Correſpondenz, Briefwechſel.

Cortage, Courtagie, Senſarie, Belohnung, ſo
man den Mäcklern oder Senſaln für ihre Mü=
he giebt.

Courant, gebräuchlich, gewöhnlich, das täglich
paſſirt: dahero kommt

Courrent-Geld, heiſſet alle dasjenige Geld, wel=
ches in täglichen Ausgaben an einem Orte
gänge und gäbe iſt.

Cours, der Lauf, Gang, heißt bey den Kauffleu=
ten der Agio und der Werth des Geldes, wel=
cher bald ſteiget, bald fället. In Handels=
ſtädten wird wöchentlich durch Cours-Zettul
kund gethan, wie jede Münzſorte im Wechſel
angenommen wird.

Court, (der Engliſche,) heißt zu Hamburg die
Geſellſchaft der Handels=Leute, ſo daſelbſt
von der Engliſchen Nation etablirt ſind.

Credere, (Del,) heißt bey Kaufleuten ſoviel, als
auf Treu und Glauben, auf Credit, daher auch
del credere ſtehen, ſonderlich in Wechſeln, nichts
anders bedeutet, als einem vor alle daher ent=
ſtehende Schäden und Unkoſten gut ſeyn.

Credit, Credito, Treu und Glauben, wenn ei=
ner dem andern etwas von ſeinem Gut an=
vertrauet, und borget, in der Hofnung, es
von ſelbigem unter gegebenen Bedingungen
wieder zu bekommen. Credit iſt in den Haupt=
büchern die Seite zur rechten Hand, auf wel=
cher

oder alles das verzeichnet wird, was wir von
andern empfangen haben, oder ein anderer
glaubt, daß wir zahlen werden. Gleichwie
auf der linken Seite des Hauptbuches das
Debet oder dasjenige stehet, was uns ein anderer zu zahlen hat.

Creditiv, Credenz-Brief, ein glaubwürdiges
Schreiben, so ein Herr dem andern giebt.

Creditor, ein Glaubiger, welcher von einem andern zu fordern hat.

Creditum, das anvertraute oder geliehene Geld.

Critisiren, nachgrübeln.

Crusaden, eine Spanische goldene Münze, worauf ein Creutz gepräget.

Currentis, bedeutet des jetztlaufenden Jahrs oder
Monats.

D.

D'accordo, übereinstimmig seyn, ist bey denen
Kaufleuten ein in Rechnung gebräuchliches
Wort, dessen man sich aber nur zu bedienen
pflegt, wann man in einer geschlossenen Rechnung weiter nichts zu ändern oder an deren
Richtigkeit etwas auszusetzen hat; man schreibt
also kurz weg: ich bin mit dem Herrn d'accordo.

Damnum, Schaden, indemnisiren, schadloß
halten.

Datum, datiren, ist eigentlich soviel als die Stun-
de, den Tag, den Monat, das Jahr, wie
auch die Stadt oder den Ort, wenn und wo
diese

diese oder jene Schrift ausgefertiget worden, anzeigen.

Deballiren, wird von Waaren gesagt, und heißt soviel als auspacken.

Debarquiren, wird gebraucht, wann die auf einem Schiff sich befindliche Güter ausgeladen und ans Land gebracht werden.

Debattiren, abhelfen, schlichten.

Debauchiren, schwelgen, unmäßig leben.

Debit, ist überhaupt soviel, als die Schuld, der Vertrieb, Verkauf; insonderheit wird dieses Wort bey Kaufleuten gebraucht. Er soll.

Debita activa, Activ-Schulden.

Debitiren, verkauffen, verthun.

Debitor, ein Schuldner, der etwas von einem andern auf Borg genommen.

Debourser, ist soviel, als Geld aus einem Sacke oder der Cassa nehmen, um damit entweder was zu zahlen oder zu kauffen.

Decadence, Abnahme, Abgang; in die Decadence kommen, heißt soviel, als in Verachtung oder ins Abnehmen kommen.

Dechargiren, entledigen; der Herr beliebe mich von gemachter Nota zu dechargiren.

Decidiren, entscheiden.

Declaration, die Erklärung seiner Willens-Meinung.

Declariren, auslegen, erklären.

Decliniren, abweisen.

Decourtiren, abkürzen, Decort Abzug.

Decret, Ordnung und Satzung.

Decretiren, beschliessen, Ausspruch geben.

De-

Dediren, wird gesagt, wann man in einem Register oder Schuld-Brief etwas ausstreicht oder austhut.

Dedomagiren, schadlos halten.

Deduciren, weitläuftig vorbringen.

Deduction in Rechnung-Sachen, der Abzug einer Summa von der andern.

Defect, Mangel, Abgang, Fehler.

Defendiren, vertheidigen, verantworten.

Defraudiren, betrügen.

Defrayiren, Zehrung oder Kost frey halten.

Degradiren, absetzen.

Delegation, Anweisung einer Schuld.

Deliberiren, berathschlagen.

Demonstriren, vor Augen legen.

Denegiren, versagen, abschlagen.

Denominiren, ernennen, vorschlagen.

De novo, abermalen, aufs neue.

Denunciren, absagen.

Depechen, Verrichtungen, Abfertigung der Posten, Boten und Briefe.

Depechiren, abfertigen, fortschicken.

Depenniren, wird in Handlung gesagt: der Herr beliebe die gemachte Note von diesem oder jenem zu depenniren, das ist, die gemachte Nota wieder abzuschreiben, zu tilgen.

Depensen, Ausgaben, Unkosten.

Deponiren, niederlegen, Geld deponiren.

Deposito-Gelder, à Depos oder à deposito nehmen, heißt, wann ein Geld benöthigter Kaufmann, Geld von jemand zu dem Ende aufnimmt, daß er damit nach Belieben schalten,

und

und solches in seinen Nuzen, wie er es dien-
lich findet, anwenden möge.

Depositum, ein Erlag.

Deputat, der Unterhalt, so einem gereichet wird.

Deputirte, Abgeordnete.

Derogiren, abschaffen.

Describiren, beschreiben.

Desideriren, verlangen.

Designation, ein Waaren-Verzeichniß, die man
einem zuschickt.

Designiren, bezeichnen, bedeuten.

Despectiren, schimpfen, verachten.

Dessein, Vorhaben, Anschlag, auch ein Abriß
oder Modell von seinen Waaren.

Destiniren, absondern, abnehmen, al' Destino,
an sein Gehör.

Determiniren, beschliessen, bestimmen.

Detractionis Jus, Nachsteuer, Abzugs-Recht.

Detrahiren, abkürzen.

Devalvatio, eine Absetzung der Münze, devalvir-
te Münz, abgesetzte Münzen.

Devalviren, absetzen, ungültig machen.

Devoir, Pflicht, Schuldigkeit, Gebühr.

Devot, andächtig.

Dexterité, Aufrichtigkeit, Redlichkeit, und Ge-
schicke.

Diarium, ein Tag-Buch.

Dictiren, aus dem Mund in die Feder sagen.

Diffamiren, schmähen, schänden.

Differenz, Streitigkeit, Unterscheid.

Differiren, aufschieben, verlängern, unterscheiden.

C   Diff-

Difficil, eigensinnig, widerwärtig.

Difficultiren, eine Sache weitläuftig und schwer machen.

Diffidenz, ein Mistrauen.

Dignité, Ehre, Würde.

Dilatio, Verzug, Auffchub.

Dimiſſio, Urlaub, Abschied.

Diploma, Freyheits-oder Gewalts-Brief, daß einer etwas thun oder verrichten mag.

Directe, gerade zu.

Director, ein Ober-Auffeher.

Dirigiren, eine Handlung oder Werk regieren.

Diſconto, Sconto, Abzug der Intereſſe eines annoch auf Zeit zu laufen habenden und verhandelten Wechselbriefs.

Diſcrete, bescheidentlich.

Diſcretion, Bescheidenheit, Beschenkung wegen gehabter Mühe.

Diſceſs, der Abzug.

Diſcours, Gespräch.

Disgouſtiren, einem etwas zuwider thun.

Diſordre, Verwirrung, Unordnung.

Diſpenſatio, Nachlaß, Verstattung.

Diſpenſiren, austheilen, nachsehen.

Diſponiren, ordnen, verordnen; er ist nicht diſponirt, es ist ihm nicht recht.

Diſpoſitio, eine Verordnung.

Diſputen, Zank, Streit, Wortwechsel.

Diſputirlich, zweifelhaft, streitig.

Disrecommandiren, einem übles Lob geben.

Disreputirlich, schimpflich, wider Respect.

Diſſimuliren, sich verstellen, verbergen.

Diſtra-

Diſtrahiren, abſondern, verkauffen, losſchlagen.

Diſtribuiren, austheilen.

Diſtrict, ein Land, Gegend.

Divers, unterſchieden, mancherley.

Diverſorium, der Ort, wo allerley Waaren hin-
gebracht werden.

Divertiren, ſich erluſtigen.

Divertiſſement, Beluſtigung oder Zeitvertreib.

Dociren, lehren.

Documenta, briefliche Urkunden, Beweisthü-
mer, Schein, Darthuung.

Domaine, Cammer-Gut, Leib-Geding.

Domeſtiquen, Haus-Genoſſen, Bediente.

Donatio, ein Geſchenke.

Dotiren, ausſteuern.

Douceur, Freygebigkeit, Geſchenk.

Dubitiren, zweifeln; ich ſtehe in dubio, in Zweifel, ob ich dieſes thue; der Herr dubitire keineswegs an meiner realité.

Dupplum, zweyfältige Erſetzung; duppliren, ver-
doppeln.

E.

Echapiren, entlaufen, durchwiſchen.

Ediren, herausgeben, aushändigen.

Edict, ein Geboth, Satzung, Patent.

Effect, Würkung.

Effectuiren, ins Werk richten.

Egal, gleich, eben ſo.

Egard, Aufſicht, Abſicht, Abſehen.

Eichen,

Eichen, abeichen, ist soviel als visiren, oder untersuchen, wieviel ein Maaß oder Gewicht in Vergleichung eines andern halte.

Elaboriren, ausarbeiten.

Emballiren, einpacken; deballiren, auspacken, daher kommt emballage von Matten, Stroh, Strick und Wachstuch, und emballeur, ein Ballenbinder.

Embarquement, Schiffs-Ladung.

Embarquiren, einschiffen.

Embarras, Verdruß.

Embrassiren, umarmen.

Emploiren, anwenden; daher sagt man: er hat eine gute Emploi, Amt oder Dienst.

Emportiren, erlangen, hinweg bekommen.

Encouragiren, aufrischen, antreiben.

Endossiren, einen Wechsel an einen andern übertragen.

Enfin, endlich, zum Beschluß.

En front, voran, an die Spitze.

Engagement, Dienstnehmung, Verbindung.

Engagiren, sich mit einem einlassen, in eine Handlung oder Dienst tretten.

En gros, ins ganze; en detail, ins kleine handeln.

En particulier, oder particulaire, insonderheit, insbesondere.

En passant, im Vorbeygehen.

Entrée, Einung, Eintritt.

Entrepreniren, unterfangen, unternehmen.

Entreprise, Anschlag, Unterfangung.

Entreteniren, einen in Discours unterhalten.

Eodem,

Eodem, bedeutet soviel als denselben Tag, Jahr, Zeit 2c.

Equipage, Zurüstung zur Reise.

Equipiren, aus-und zurüsten.

Escortiren, begleiten.

Estimiren, hoch und werth halten.   *Estime*, Hochachtung.

Etabliren, sich fest setzen oder stellen.

Etablissement, Aufrichtung, Wohlfart.

Etat, der Staat, Zustand einer Person, oder Sache.

Evacuiren, erledigen.

Eventualiter, oder in omnem eventum, auf allen Fall.

Ever, ein Boot mit einem kleinen Seegel zu Ueberlieferung der Waaren.

Evidentia Facti, wann eine Sache klar am Tage lieget.

Evinciren, einem Kaufmann mit Recht abgewinnen, so zuvor auch den Evincenten zugestanden.

Evitiren, entfliehen, meiden.

Ex abrupto, geschwind, plötzlich.

Exact, stattlich, wohl, künstlich.

Examiniren, ein Ding wohl untersuchen.

Excediren, ausschweiffen, über die Schnur hauen.

Exception, Ausrede, Ausnahm.

Excess, Ausschweifung.

Excipiren, ausnehmen, sich ausreden wollen.

Excommuniciren, ein Ding ausschliessen.

Exculpiren, die Schuld von sich wälzen.

Excu-

Excusen, Entschuldigungen.

Excusiren, sich entschuldigen.

Exempli gratia, gesetzt, oder zum Exempel.

Exequiren, vollziehen.

Eximiren, frey stellen, ausnehmen; er ist von der Arbeit eximirt, befreyt.

Expectanz, Anwartung, Hofnung auf ein Amt, oder Dienst.

Expectoriren, von Herzen absprechen.

Expedienz, ein sicheres Mittel.

Expediren, abfertigen.

Expedition, Geschäft, Verrichtung.

Expensen, Unkosten.

Experienz, Erfahrung.

Experimentiren, erfahren, erforschen.

Exponiren, auslegen, erklären.

Ex post fatto, nachgehends.

Expostuliren, zanken, trefflich mit Worten sich herum schlagen.

Expresser, ein besonders Abgeschickter.

Expression, deutliche Erklärung.

Extendiren, erweitern, seine Forderung extendirt sich auf so und soviel.

Extra, ausserhalb.

Extract, Auszug eines Dings.

Extradiren, ausliefern; der Herr lasse mir meine Waaren extradiren.

Extrahiren, ausziehen.

Extraordinair, ausserordentlich.

Extremité, die letzte Zuflucht, Gefahr.

Exulant, ein Vertriebener.

Exuliren, im Elend herumziehen.

F

F.

Fabric, *Fabrique*, eine Verfertigung einer grossen Waare; man läßt darin Zeuge, Strümpfe, Cotton, Seiden und andere Waaren fabriciren und fertig machen.

Facilitiren, leicht machen, erleichtern.

Facit, bedeutet, was von einer ausgerechneten Waare für eine Summa des Belaufs herauskommt; man pflegt auch öfters zu sagen: es kömmt ein schlecht Facit heraus.

Facto, *de facto*, thätlicher Weise, alsofort.

Factor, ein Kaufmann, der einen andern für die Provision bedient, dahero kommt

Factorie oder Speditions-Handlung.

Fac totum, der alles in allem ist.

Factum, die Sache, That.

Factura, ist die Rechnung, die ein Factor über die Befehle seines Committenten eingekaufte Güter sendet.

Falliment, ein Fall oder Austritt, item Banquerot, gleichsam als die Bank ist zerbrochen, wird gebraucht, wann Kaufleute unsichtbar werden, und ihre Creditores nicht bezahlen können, dahero sagt man: er ist *fallit*.

Falliren, fehlen, einen Banquerot machen.

Familiar, bekannt; daher sagt man: er ist sehr familiar mit ihm.

Familiarité, Gemeinschaft, Vertraulichkeit.

Fatal, verdrüßlich, übel, von GOtt verhängt.

Fatigiren, sich ermüden, abmatten.

Fatiquen, Abmattung, Beschwerlichkeiten.

C 4 *Favor,*

Favor, *Faveur*, Gunſt, Gewogenheit.

Favorable, günſtig, angenehm.

Favoriſiren, wohl wollen, günſtig ſeyn.

Favorit, ein Günſtling, Liebling.

Faute, ein Fehler, Verſehen.

Fideicommiſſum, ein Erbtheil oder Gut, das einem vertraut wird, daß er es einem andern
zuſtellen ſolle.

Fiera, *Forum*, *Foire*, ein Markt, Meſſe. *Forum* heißt auch ein Gerichtszwang oder Gericht, welchem ein Kaufmann unterworfen
iſt, als in foro mercantili, in Kaufmanns-
Rechten; *Forum incompetens* kan ein Kaufmann das nennen, da er vor Recht zu ſtehen
nicht ſchuldig iſt.

Finale, der Ausgang, Ende.

Finaliter, endlich, ſchlüßlich.

Fineſſe, Falſchheit, auch Spitzfindigkeit.

Fingiren, erdichten.

Finte, Betrug, Liſt, Poſſen.

Flatterie, Schmeicheley, Liebkoſung.

Flattiren, ſchmeicheln, ſchön thun.

Floriren, blühen; ſeine Handlung floriret, ſtehet in gutem Stande.

Foliiren, die Blätter mit den Zahlen nachein-
ander bezeichnen.

Folium, ein Blat.

Fond, die gründliche Verfaſſung, wie Geld und
Mitel anzuſchaffen ſind.

Force, Gewalt; par force, durch Gewalt.

Forciren, zwingen, nöthigen.

Formalisiren, viel Wesens von einer Sache machen; pro forma, zum Schein.

Formiren, einrichten; das ist nicht recht formirt, wie es seyn soll.

Formular, eine Vorschrift eines Briefs oder anderer Schrift.

Fourniren, anschaffen, Geld vorschiessen.

Fracht, heissen bey den Schiffern und Fuhrleuten die Waaren, die sie laden und führen, und das Geld, so dafür bezahlt wird.

Frachtbriefe, Lettres de voiture, sind die geschriebene oder gedruckte Briefe, so den Fuhrleuten über das, was sie geladen, mitgegeben werden.

Franco, schreibet man auf die Briefe, um demjenigen, der sie empfängt, dadurch zu benachrichtigen, daß das Porto dafür schon bezahlet sey.

Fraudiren, betrügen; in fraudem Creditorum, zum Betrug der Creditorum etwas thun.

Frequence, Frequenz, eine Anzahl oder Versammlung vieler Leute.

Frequentiren, Besuch machen, oft und vielmal an einen Ort kommen.

Function, ein Amt.

Fundament, Grund; er hat dieses oder jenes zum Fundament.

Fundiren, stiften, gründen, dahero man sagt: er hat keinen rechten Fundum, oder Grund zu diesem oder jenem Werke; er ist schlecht fundirt.

Furios, furieuse, wütend, hitzig.

Fusti, Sporco, Brutto, heißt das Gewicht der Fässer und Geschirre, worinnen die Waaren eingepackt sind, sonderlich aber das Zerbroche-ne, Schadhafte und Untaugliche unter der guten Waare. Von diesem Wort führet die Fusti-Rechnung ihren Namen.

G.

Gage, Besoldung, auch Pfand; er hat eine gu-te Gage, gute Besoldung, daher kommt enga-giren, sich gesellein, zusammenhalten.

Galant, artig, höflich.

Galanterie, Wohlanständigkeit.

Garantie, Bürgschaft, Gewährschaft.

Garantiren, gewähren, vor einen gut stehen.

Garniren, ausstaffiren.

Garnitur, Ausstaffirung.

Gazetten, Zeitungen.

Generosité, Großmuth, Freygebigkeit.

Giriren, umlauffen, sein Geld beständig auf Wechsel unter den Leuten haben.

Giro, Umlauff des Geldes; daher ein girirter Wechselbrief heißt, der oft indossirt und durch viel Hände gegangen ist.

Gloire, Ruhm, Ehre.

Gouverno, Macht, Gewalt, auch Nachricht, dieses dienet à gouverno, id est, daß er sich darnach schicke, und seine Sache darnach an-stellen könne; er steht unter seinem Gouverno, unter seinem Befehl; item, er weiß sich nicht zu gouverniren, ist seiner selbst nicht mächtig;

er

er hat das ganze Gouvernement, oder disponi-
ret alles nach seinem Willen; pro grato Gouverno, zur angenehmen Nachricht.

Grace, Anmuth, Lieblichkeit, auch Gnade.

Gradatim, allgemählig, nach und nach.

Gradus, die Stuffen.

Grandes, grosse Herren in Spanien.

Grandezza, Ansehen, Respect.

Grand mode, was stark im Brauch ist.

Grassiren, im Schwang gehen.

Gratificiren, willfahren, Gunst und guten Willen erzeigen; Don gratuit, ein Geschenk.

Gratis, umsonst, ohne Entgeld.

Gratuito, frey, umsonst.

Gratulation, Glückswunsch.

Gratuliren, Glück wünschen.

Gravamen, eine Beschwernuß, Schwürigkeit.

Graviren, beschweren; er findet sich sehr darüber gravirt.

Gros, ein ganzes Kriegs-Heer; das Gros der
Armée; en gros handeln, heißt auch ins ganze
handeln.

Grossiers, Marchands en Gros, sind solche Kaufleute, welche mit ganzen Stücken und Cent-
nern in verschlossenen Gewölbern handeln,
und also keinen öffentlichen Kram oder Bude
haben, und nicht mit einzelnen Pfunden und
Ellen umgehen.

Gusto, Lust, Belieben an etwas.

H.

H.

Habil, zu etwas tüchtig.

Habilitiren, sich zu etwas fähig machen.

Haranque, eine öffentliche Rede.

Haranquiren, eine öffentliche Rede halten.

Hardieße, Kühnheit, Frechheit.

Harmonie, eine ganze Zusammenstimmung.

Harmoniren, wohl zusammenstimmen.

Hautement, hoch; ich sag es hautement, ich sag es gleich, oder mit einem Wort.

Honett, ehrlich, ehrbar.

Honorable, ehrlich; man pflegt zu sagen: das ist ein rechter honorabler Mann.

Honorarium, eine Verehrung.

Honoriren, ist bey den Kaufleuten, wenn er den Wechselbrief, der ihm zur Bezahlung überbracht wird, acceptiret, oder zu erkennen giebt und versichert, daß er die Zahlung prästiren wolle und könne.

Huius, wird in Briefen öfters gebraucht, und bedeutet soviel als in gegenwärtigem Monat oder Tag.

Humaine, freundlich, leutselig, höflich.

Humanité, Leutseligkeit.

Humor, humeur, die angebohrne Art.

Hypothece, ein Unterpfand; daher kommen die Hypothecarii, welche Unterpfand oder sonst von rechtswegen den Vorgang in Schulden-Bezahlungen haben. Hypothece ist auch ein liegend oder unbewegliches Gut; es unterscheidet sich von einem pignore oder Pfand darin, daß
die-

dieses ein beweglich - oder führendes Gut, welches der Schuldner seinem Glaubiger würklich in die Hände stellt und liefert.

Hypotheciren, liegende Güter verpfänden.

I.

Jalousie, Eifersucht.

Jaloux, eifersüchtig, mißtrauisch.

Idiot, ein tummer und einfältiger Mensch.

Ignorant, ein Unwissender, ein Kerl der nichts versteht.

Illustriren, erläutern, erklären.

Imaginiren, einbilden; dieser Mensch ist voller Imagination, er bildet sich viel ein.

Imitiren, nachahmen.

Immatriculiren, einschreiben.

Immediate, unmittelbar.

Immissio Bonorum, Einsetzung in die Güter.

Impatroniren, sich wo fest setzen.

Impediment, Verhinderung.

Impertinent, ungereimt, grob.

Impieghi, Geschäfte.

Imploriren, anruffen, ersuchen.

Importiren, wichtig seyn; die Sache importirt nicht wenig.

Importo, der Betrag.

Importun, unbescheiden.

Imposten, Auflagen.

Improbiren, nicht billigen.

Impression, Einbildung.

In agone liegen, in letzten Zügen.

Incaminiren, einrichten.

Incapable, unfähig.

Inclination, Neigung.

Incliniren, geneigt seyn; er inclinirt bald zu dieser bald zu jener Sache.

Inclusive, eingeschlossen.

Incommod, beschwerlich.

Incognito, unbekannter Weise.

In communi, insgemein.

Incompetenz, Ungebühr.

In continenti, alsbald, gleich zur Stund.

Incontro, Gelegenheit, wird auch in Wechsels-Sachen gebraucht.

Incorporiren, einverleiben.

Incourant, ungebräuchlich ; es sind incourante Waaren.

Indifferent, gleichviel, gleichgültig.

Indiscret, unhöflich.

Indisposition, Unfähigkeit.

Indoßiren, heißt einen Wechsel, welchen man hätte erheben können, einem andern übergeben, und solches auf die andere Seite des Wechselbriefes schreiben.

Indosso, Endossement, Avallo, eine Ueberweisung, heißt, wenn derjenige, dem der Wechsel zu gut gestellet ist, solchen an einen andern bezahlen lässet, und zu dem Ende die Ueberweisung mit diesen Worten auf des Wechsels Rücken schreibet: Den Inhalt dieses Wechsels bezahle der Herr für mich, an *N. N.* es solle mir *valediren.*

In dubio, in Zweifel.

Indulgiren, nachlassen, durch die Finger sehen.

In duplo, gedoppelt.

Infamiren, beschimpfen, schmähen.

Inficiren, anstecken.

Informiren, unterrichten.

In genere, insgemein.

Ingreſs, aller Eintritt, Anfang und Einmischung.

In gutem *Eſſe*, in gutem Zustand seyn oder stehen.

Inhibiren, verbieten.

In Integrum restituiren, in vorigen Stand setzen.

Injurien, Schmähworte.

In manu, in der Hand, gegenwärtig.

In natura, heißt in eben der Sache, die ausgeliehen ist, oder gefordert wird.

In omnem eventum, auf allen Fall.

In ordinem redigiren, in Ordnung bringen.

In pristinum Statum, in den vorigen alten Stand.

In procinctu stehen, fertig, parat, gerüst seyn.

In quantum de jure, so weit es die Rechte zulassen.

Inquiriren, untersuchen.

Inquisition, Untersuchung.

In residuo, in Ueberrest.

Inserat, eine Ein- oder Beylage.

Inseriren, einverleiben, einsetzen lassen.

Insignia, Wappen, Ehrenzeichen.

Insinuiren, sich bey einem in Gunst setzen.

Insolentien, Vermessenheit, Bosheit.

Insolidum, einer für alle, und alle für einen.

In specie, insonderheit.

Instruction, Unterricht.

Instrui-

Instruiren, unterrichten.

Insufficient, nicht zulänglich.

In summa, kurz, mit einem Wort.

In supplementum, zur Erfüllung.

Intercediren, für einen bitten.

Intercession, Vorbitte.

Intercessionales, Vorbitt-Schreiben.

Interesse, heißt der Zins oder Nutze von einem
   auszeliehenem Capital, daher kommt verin-
   teressiren, verzinsen. Bey einer Sache interessiret seyn, heißt, Antheil an einer Sache
   haben; Interessiret seyn, bedeutet auch eigennützig seyn.

Interim, unterdessen; es ist ein Interims-Ver-
   gleich.

Interponiren, sich darzwischen legen.

Interrogatoria, Frag-Stücke.

Interrumpiren, verhindern.

Intervallum, Zeit, was dazwischen gefallen.

Intimation, Anzeige.

Intimiren, anzeigen.

Intraden, Einkünfte.

Intricat, verwirrt; es ist ein intricater Handel.

Intriquen, verwirrte Händel.

Introduciren, einführen, einleiten.

Introduction, Einführung.

Inventiren, nachsuchen, untersuchen; daher
   kommt inventum, eine Erfindung; item In-
   ventarium, eine Untersuchung der noch vor-
   handenen baaren Gelder, Waaren und Schulden.

Investiren, einweihen, in ein Amt setzen.

Invitiren, einladen; Invitatio, Einladung.

Inusitatum, etwas ungewöhnliches; es ist nicht usuel, gebräuchlich.

In Usu, in Gebrauch.

Journal, ist dasjenige Handels-Buch, aus welchem man die Handels-Posten in das Haupt-Buch überträgt.

Irregulaire, unrichtig.

Irritiren, anreißen, zornig machen.

Jubellen, allerhand Geschmeide.

Judicatur, das Urtheil vor Gericht.

Judiciren, richten, urtheilen.

Judicium, das Urtheil, Gericht.

Juncke, ein klein Neben-Schifflein, mehrentheils mit Waaren beladen.

Juramentum, Eidschwur; einem das Jurament deferiren, heißet, den Eid zuschieben, auflegen.

Jus publicum, das Reichs-Recht.

Justice, Justitz, Recht und Gerechtigkeit.

Justificiren, eine Sache rechtfertigen.

K.

Kanastre, ein Korb, da man in Spanien den Toback hinein thut, dahero er Kanaster oder Korb genennt wird.

Kaper, ein Seeräuber.

Karat, ein Theil des Gewichts.

Ravelung ist, wenn man gute und schlechte Waaren untereinander mischet, damit sie im Verkauf oder bey der Auction zugleich weggehen.

Kaufcontracte, sind Contracte, welche über den Kauf und Verkauf einer Waare errichtet werden.

Kaufhaus, Niederlage, heißt der Ort, wo in einer Stadt der Kaufleute Güter unter des Rathes Verwahrung hingeleget werden.

Kaufmannsgut, heißt nicht nur eine tüchtige und gute Waare, womit ein ehrlicher Mann den andern verwahren soll; sondern auch alle diejenigen Dinge, mit welchen Handel und Wandel getrieben wird.

Kitze, ein kleines Schifflein mit Waaren beladen, so am Strande hinfähret.

Kramer, oder **Krämer**, Kaufleute des Handkaufs, Handverkaufer, Kaufleute im Kleinen, en detail, heissen diejenigen Kaufleute, die in öffentlichen Läden die Waaren im Kleinen, oder einzeln, als bey Pfunden, Lothen, Quentaen, und Ellen verkauffen.

Kramerinnung, **Kramergilde**, und **Kramerzunft**, heißt in großen Städten die Gesellschaft derjenigen, welche Kramerey treiben, und durch eine gewisse Ordnung untereinander verbunden sind. Daher alle diejenigen, welche in solche Innung gebührlich aufgenommen worden sind, **Kramerinnungsverwandte** genennet werden.

Kran,

Kran, Kraan, Krahn, Kranich, und **Gran,** ist ein Hebezeug oder Gerüst, so an den Schifländen pflegt aufgestellet zu werden, um die Güter vom Lande in die Schiffe, und aus denselben auf das Land zu heben.

Kranknechte, sind in den Waage ⸳ Pack und Kaufhäusern bestellte Leute, welche die Gewichte auf die Waagschale und wieder davon heben, das Packhaus in Ordnung halten; und den Kran regieren müssen.

Kronen, werden auch die Dänischen ⅔. Stück genennt.

Küste, Seekante, nennet man die Ufer eines Landes, die von dem Meere angespület werden.

L.

Laboriren, arbeiten.

Labyrinth, Irrgarten, ein verwirrter Handel.

Laden, heißt in der Handelschaft ein dazu angelegter und zugerichteter Ort, daß darinnen allerhand Waaren zum Verkauf aufgestellet, und zu beliebiger Zeit verschlossen werden können. Der Laden eines Kaufmanns, der im Ganzen handelt, wird ins besondere ein Gewölbe; und der, worinnen Waaren in Kleinen verkaufet werden, ein Kramladen genennet.

Lædiren, verletzen.

L' agio, Aufgeld.

Lamentiren, klagen; es ist eine grosse Lamentation, Beklagung.

Largo,

Largo, weitläuftig; künftige Woche werde largo berichten, was vorgegangen ist.

Latus, eine Seite; Summa per latus, die Summa dieser Seite herunter.

Laviren, sich in die Zeit schicken.

Laus Deo, Gott lob, wird vielmal über die Rechnung gesetzt.

Legatarius, ist derselbe, dem im Testament etwas vermacht ist.

Legatum, ein Vermächtnis im Testament.

Legiren, etwas vermachen.

Legitima, ist das Theil, so einem in der Erbschaft ohne Testament zukommt.

Legitima causa, rechtmäßige Ursache.

Legitimiren, sich zu einem Handel oder Sache geschickt machen.

Leonisch, falsche silberne und goldene Borten.

Liberal, freygebig.

Licenten, Auflagen auf die Waaren.

Lichten, die Waaren aus dem Schiff laden und und es also leichter machen.

Licitation, die Bietung.

Licitiren, eine Waare ansprechen, daß man solche kaufen solle.

Liga, ein Bündnis; item Schrot und Korn oder Gehalt an der Münz.

Limitiren, Gränzen setzen; er hat limitirte Ordre.

Liquidiren, richtig machen; die Sache ist liquid, richtig, hell und klar.

Liste, Verzeichnis über gewisse Dinge.

Locarium, Pacht, Zins von Ländern oder Häusern.

Loca-

Location, die Setzung auf gewisse Stellen.
Logement, Wohnung, Zimmer.
Logen, die Kammern in Opernhäusern, auch bey Comödien.
Logiren, wohnen, einquartirt seyn.
Lotterie, Glücks-Topf, in welchem man sein Glück probirt.
Lucriren, gewinnen.
Lustre, Glanz, Zierde, Pracht, Herrlichkeit.

M.

Maceriren, sich abmatten.
Machine, ein künstlich Werk bey den Bauleuten.
Maculiren, beflecken, besudeln; daher kommt das sogenannte Maculatur-Papier zum einwickeln.
Mäckler, Sensalen, Courtiers, sind Leute, welche sich um die Gebühr zu gewissen Handlungen, in Kauf-und Verkaufen, Wechselschliessen und andern ehrlichen Contracten rc. als Unterhändler brauchen lassen.
Magazin, Waaren-Lager, auch Proviant-Haus.
Magnificenz, Herrlichkeit.
Mainteniren, behaupten.
Majorennis, der sein männliches Alter erreichet hat, und unter keiner Vormundschaft mehr stehet; Vota majora werden die meisten Stimmen genennt.
Mal à propos, zur Unzeit.
Mal content, übel gesinnt, mißvergnügt.
Manifest, eine öffentliche Erklärung.

D 3

Man-

Manquement, ein Fehler, Abgang.

Manquiren, ermangeln; der Freund hat manquirt; er hat gefehlt; er hat aufgehört zu zahlen.

Manuale, ein Handbuch, kan auch die Kladde oder Memorial genennt werden, welches man gebraucht, um was täglich in der Handlung paßirt, einzuschreiben.

Manufacturen, Waaren, so in einem Lande gemacht und fabricirt werden.

Manuscript, geschriebene Sachen.

Manuteniren, schützen, behaupten.

Marchand, ein Kaufmann.

Marchandiren, auf eine Waare dingen, Kauf schlagen.

Marchandise, Kaufwaare.

Marchiren, aufbrechen, fortziehen.

Mare, per mare, über die See etwas schicken; Marinier, ein Seemann, See-Soldat; Matelot, ein Bootsmann.

Margo, der Rand; in margine am Rand etwas notiren.

Marque, Signum, so ein Kaufmann auf seine Güter setzen und zeichnen lässet, daher

Marquiren, Zeichnen.

Massiv, dicht und dick, als: Massiv-Silber, fein gegossen Silber.

Matrosen, geworbene Boots-Leute.

Maxime, Vernunft und Staats-Grund.

Medaille, eine Münze, worauf ein Bildnis eines großen Herrn oder anderes Sinn-Bild gepräget ist.

Media-

Mediateur, ein Mittler, Schiedsmann.

Medio, zur Helfte.

Meditation, Betrachtung.

Meditiren, betrachten, nachsinnen.

Melioriren, verbessern; daher Meliorations - Kosten, Verbesserungs - Kosten genennt werden.

Memoriren, auswendig lernen; zum Gedächtnis, Pro Memoria.

Memoriter, auswendig.

Menage, Haushaltung, Sparsamkeit.

Menagiren, sparen, schonen, oder karg haushalten.

Mentionirtes, gedachtes, ermeldtes.

Meritiren, verdienen; er hat schöne Meriten; verdient grosse Ehre; item er hat sich darum sehr meritirt, nemlich verdient gemacht.

Mesures nehmen, sein Maas und Richtschnur nach etwas nehmen.

Methode, eine Lehr - Art.

Meubles, allerhand Hausrath.

Mignon, ein Liebling eines grossen Herrn, den er wohl um sich leiden kan.

Million, eine Summa von 10 Tonnen Goldes, oder 1000000. fl.

Missionairs, Abgeschickte, Abgeordnete, gewisse Leute in Religions - oder andern Affairen.

Missive, ein Send - Schreiben.

Moderat, mäßig, eingezogen.

Moderiren, mäßigen.

Modest, bescheiden, artig.

Molestiren, beschwerlich fallen; er ist mir zur Molestie.

Mo-

Momenta, Wichtigkeiten, die vornehmsten Momenta dieser Sache. Im Augenblick, im moment.

Monitorium, eine Erinnerung, Warnungs-Brief.

Monopolium, eine Freyheit, daß man in einer Stadt oder Land eine gewisse Waare allein verkauffen darf.

Monstrum, ein Ding wider die Natur.

Monument, ein Denkmal, Grabmal.

Mora, Verzug; periculum in mora, beym Verzug ist Gefahr.

Mores, Sitten.

Moros, murrisch, unfreundlich.

Mortifications-Schein, eine schriftliche Versicherung, dadurch man eine verlohrne Obligation ungültig machet, wann sie sollte hernach schon wieder gefunden werden.

Mortificiren, quälen, plagen.

Motus, Bewegung, Aufstand.

Moviren, sich bewegen, entrüsten.

Mouvement, Bewegung.

Mundiren, eine Schrift rein abschreiben.

Munition ist, was man an Pulver und Bley gebraucht.

Mutatis mutandis, das man nach Erfordern auf diese und jene Parthey richten kan.

Mutiren, verändern.

Mutuel, gegentlich, gegeneinander.

Mutuum, ein geliehenes Geld oder Gut.

N.

N.

Naturel, Geburts-Art, Zuneigung vom Natur.

Naturalisiren, einem das Recht eines Eingebohr-
nen des Lands geben.

Negiren, läugnen, verneinen.

Negotiren, handeln; daher kommt Negotiant,
Handelsmann; Negoces, Geschäfte.

Nervos, kurz, nachdrücklich.

Netto procedito, oder netto provenu, was nach
abgezogenen Unkosten von einem verkauften
Gut an den Kaufgeld überbleibet, darüber der
Principal disponiren kan.

Neutral, unpartheyisch, da man mit keinem
Theil hält.

Nihil ad rem, dient nichts zur Sache.

Noble gout, ein vortreflicher Verstand, Urtheil
über ein Ding.

Nolens volens, man wolle oder wolle nicht.

Non obstat, es hindert nicht; non obstante, ohn-
geachtet.

Norme, vorgeschriebene Art und Weise.

Nota, ein Merkzeichen; pro Nota zur Nachricht.

Nota bene, merks wohl, gieb acht.

Notable, merkwürdig.

Notificiren, etwas bekannt machen.

Notiz, Notice, heißt bey Handelsleuten ein schriftlicher Aufsatz, welchen derjenige Mäckler, durch
den ein Wechsel, mit beyderseits Contrahen-
ten Genehmhaltung, geschlossen worden, unter seinem Namen von sich gieber.

Novitæten, Neuerungen.

Nullitæten, Nichtigkeiten, Verstossung in Pro-
cefs.

Numeriren, Zählen, rechnen.

Numero, die Zahl auf einem Stück Kaufmanns-
Gut.

Numerus, eine Zahl.

Nutriment, Nahrung, Auferziehung; ad nutum
auf dem Wink.

O.

Ob defectum, aus Mangel.

Object, der Gegenstand.

Obiter, obenhin, da man nicht acht giebt.

Obligant, obligat, verbunden, verpflicht.

Obligation, eine Verbindung, auch verpflichtete
Verschreibung für empfangene Gelder.

Obscur, dunkel; das Buch, diese und jene Sache ist sehr obscur.

Observanz, Herkommen.

Observiren, in Obacht nehmen.

Obsignation, Besieglung.

Obsigniren, verschreiben, versiegeln.

Obstacul, eine Hindernuß.

Obtiniren, seinen Zweck erhalten.

Occasion, Gelegenheit, Anlaß.

Occasionaliter, gelegenheitlich.

Occoriren, vorfallen, ich bin dem Herrn in seinen Occurenzen zu dienen bereit.

Occupiren, in Besitz nehmen; er ist occupirt, be-
schäftigt.

Octr oy,

Octroy, Freyheit, Erlaubniß.

Odios, verhaßt.

Offendiren, beleidigen.

Offeriren, anerbieten; der Herr lasse ihme mei=
ne offres oder offerta gefallen.

Officianten, allerhand Diener bey Hofe, im Krieg
und anderwärts.

Ombrage, Besorgung, Furcht, Schrecken.

Omen, ein Vorzeichen, Bedeutung.

Onera, Beschwerungen, bürgerliche Gaben.

Operiren, würken.

Opiniatriren, eigensinnig, hartnäckig seyn.

Opponiren, sich entgegen setzen.

Ordinaire, nach der gemeinen Weise.

Ordiniren, ordnen, verordnen.

Ordre, Befehl; Ordre stellen, befehlen.

Original, der erste Aufsatz, die Haupt=Schrift.

Ornat, Zierrath.

Oval, eine länglicht runde Figur an einem Spie=
gel oder Tisch).

P.

P. P. bedeutet soviel als præmissis præmittendis,
oder vorher gesetzt, was gesetzt soll werden.

Pagamenti, Pagement, werden bey den Kaufleu=
ten die gemeinen Gelder, davon man täglich
ausgiebet, genennet.

Palandre, ein rechtes Kauf=Schiff mit allerhand
Waaren beladen.

Paquet, ein zusammengerolltes Werk.

Paquet=Boote, ein Post=Schifflein.

Pa-

Parade, Pracht, den man mit etwas treibt.

Paragraphus, ein Stück oder Theil einer Rede.

Paralelle, gleiche Linien.

Parat, bereit.

Par avance, zum voraus, Vorschuß.

Pardon, Gnade, Verzeihung; pardonniren, vergeben.

Parere, ein Kaufmännisches Gutachten.

Par force, gewaltthätiger Weise.

Pari, al pari, Geld inn Geld.

Pariren, gehorchen, auch wetten.

Parole, das Wort, so man von sich giebt.

Paroxismus, das Fieber-Schütteln.

Part geben, Nachricht geben.

Partial, eigennützig, der auf einer Seite hängt.

Participiren, theilhaftig machen.

Particulier, in particulari, besonders, insonderheit.

Partita, ein gewisser Theil; wird vielmal bey einer Post im Journal bey Handlung gebraucht, auch ein geschlossener Handel genennet.

Par tout, allenthalben, durchaus.

Pasquil, Schmäh-Schrift.

Passable, das noch hingehet.

Passage, ein Durchgang, ein Weg; daher kommt, Passagier, ein Durchreisender; man sagt die Passage ist offen oder versperrt.

Passato mense, verwichenen Monat.

Passeport, Abschied.

Passer le tems, Zeitvertreib.

Pas-

Paſſion, ein Affect; paſſionirt, der von Affecten
eingenommen iſt.

Paſſionirt, einem Theil anhängig ſeyn, für den-
ſelben mit Eifer das Wort führen.

Paſſiren, gehen, hingehen; en paſſant, im Vor-
übergehen.

Paſſiv-Schuld iſt, wann man ſelbſten ſchuldig
iſt, gleichwie Activ-Schuld, wann man auſſen
ſtehen hat.

Paſſus, eigentlich eine Schrift, ſonſt aber eine
jede Gelegenheit der Sache.

Patent, ein öffentliches Ausſchreiben.

Patriot, ein redlich Geſinnter.

Patrociniren, einen beſchützen.

Patrocinium, väterliches Erbgut.

Patron, ein Herr oder Principal von einer Handlung, auch von einem Schiff oder ein ſonſti-
ger Gönner.

Pecciren, ſündigen.

Penetrant, durchdringend; ein penetranter Ge-
ruch; etwas penetriren, wohl erforſchen.

Penſion, Zeichen, Beſtellung, Koſt.

Peremtorie, endlich und fürs letztemal.

Perfection, Vollkommenheit; es iſt alles *perfect*,
vollkommen.

Perſuadiren, bereden.

Per majora, durch die meiſte Stimmen.

Permiſſion, Vergünſtigung, Erlaubnuß.

Permittiren, zulaſſen, bewilligen.

Permutiren, verändern.

Pernoctiren, über Nacht bleiben.

Peroriren, eine öffentliche Rede halten.

Per posta, auf der Post, geschwind, eilig.

Per saltum, überhaupt, übereilt.

Pertinentien, Zugehörungen.

Perturbiren, beunruhigen, bertüben.

Petitum, eine Bitte.

Peupliren, volkreich machen, Leute ins Land schaffen.

Pignoriren, verpfänden.

Pilote, ein Steuermann.

Piquanterie, Anstechung, Beschimpfung.

Piquiren, sticheln, spitzfindig über einen sprechen.

Placat, ein Anschlag oder Patent.

Placidiren, genehm halten.

Plaisant, lustig, angenehm.

Plausible, ist alles, was sich hören läßt.

Plaisir, Lust, Ergötzlichkeit

Platton, eine Art kurzer Schiffe.

Plenipotentiarius, ein vornehmer Bevollmächtigter.

Poliren, glatt, glänzend machen.

Polit, munter, geschickt.

Pompos, prächtig.

Ponderiren, erwegen; er ponderirt, er erwegt es wohl, ehe er es wagt.

Pontons, fliegende Brücken in Kriegs-Zeiten auf dem Wasser, von Schiffen zum Gebrauch gemacht.

Popular, gemein, schlecht, pöbelhaftig.

Portion, ein gewisser Theil von einem gerechnet.

Porto, das Postgeld.

Positive, ausdrücklich, ohne Bedingung.

Posito, gesetzt, im Fall.

Pos-

Possible, möglich.

Possidiren, besitzen; daher kommt Possess, Besitz; Possessio Bonorum, Besitzung der Güter.

Postillion, ein Postreuter, abgeschickter Expresser.

Postiren, sich an einem Ort setzen, Posto fassen.

Post festum, zu spät.

Post scriptum, Nachschrift.

Postulata, allerhand Anmuthung und Forderungen.

Pousiren, darauf dringen.

Pouvoir, vermögen.

Practiciren, Streit und andere Sachen ausführen; daher Practiquen, unbefugt schlimme Händel.

Præcaviren, vorbauen; daher Præcaution, Vorsicht.

Præcipitiren, sich übereilen.

Præcise, just, eben auf den Termin, da es abgeredt ist.

Præferiren, vorziehen; preference, Vorzug.

Præfigiren, bestimmen; daher kommt præfixus terminus, ein bestimmter Termin.

Præjudiciren, nachtheilig seyn.

Præmium, Douceur, heißt eine Verehrung oder Tranfgeld, so jemanden für seine gehabte Mühe und Arbeit gegeben wird.

Præpariren, zurüsten.

Präsentiren, vorzeigen, wird von Wechselbriefen gesagt, wenn derjenige, so den Wechselbrief hat, und daher der Präsentant genennet wird, demjenigen, so den Wechsel zahlen soll,

soll, seinen Wechselbrief zur Acceptation vor,
zeiget, welcher daher der Acceptant genennet
wird.

Præstiren, leisten, was man versprochen; er hat
das jurament præstirt.

Præsumiren, vermuthen, Argwohn schöpffen.

Prætendiren, vorwenden, begehren, fordern;
daher kommt Prætension, eine Forderung,
Prætext, ein Vorwand.

Præteriren, vorbey gehen.

Præter propter, ohngefehr.

Prævaliren, vor andern gültig seyn; Spesen oder
Unkosten prævaliren, nachnehmen, wird bey
Speditions-Affairen gebraucht.

Praxis, Uebung; er hat es schon in Praxin.

Preiß-*Couranten*, heissen in Handelsstädten die
gedruckte Zettul, welche wöchentlich ausge,
geben werden, den Preis der Waaren kund
zu machen.

Presto, geschwind.

Pretium, das Kaufgeld; pretium affectionis,
eine Liebigung oder angenehmes Douceur.

Principalis, der Vornehmste; daher causa principalis, die vornehmste Ursache, der Haupt,
punct.

Privatim, in geheim, insbesondere.

Privilegium, Freyheit, er ist privilegirt, beson,
ders befreyt, er hat ertheilte Freyheiten.

Pro oder *Per*, für, als: pro anno fürs Jahr; per
mense, fürs Monat; pro Arrha, fürs Hand,
geld; pro cento, fürs Hundert; pro mille, fürs
Tausend; pro rata, für geschlossen oder genehm;
pro

pro re rata, **nach Beschaffenheit der Sache;**
pro resto, **zum Ueberrest;** pro capita, **in soviel Häupter;** pro saldo, **zum Schluß;** pro
forma, **zum Scheine;** pro labore, **für die Arbeit;** proSalario, **für die Besoldung;** per Expres-
sum, **durch einen** Expressen.

Probiren, beweisen; Probatio, **der Beweis.**

Procediren, verfahren, in Rechten verfahren; in
procinctu stehen, **im Begriff seyn.**

Pro Cent, heißt die Agio, Interesse, **oder Aufgeld,**
so man für jedes Hundert Thaler oder Gulden
geben muß, wenn man besseres einwechselt,
oder auf jährlichen Zinß nimmt.

Proclamiren, öffentlich ausruffen.

Procuriren, befördern, einem einen guten Preiß
oder Condition procuriren.

Produciren, verschaffen.

Profit, der Gewinn.

Prognosticiren, verkündigen, voraus sagen.

Progreß, Fortgang.

Prohibiren, verbieten.

Project, ein Entwurf.

Promittiren, verheissen, zusagen; Promessen,
Verheissungen, Zusagungen.

Promoviren, befördern.

Promt, fertig, geschickt.

Proponiren, vortragen; daher Propositio, ein
Vortrag.

Proportionirt, geschicklich, wohl gestellt; daher
proportion, gleiche Maas.

Propos, das Absehen.

Propre, eigen, nett; daher Proper-Handlung, da man allein für sich handelt, ohne jemand in Commiſſion zu bedienen.

Pro rata, heißt nach eines jedem seinen Antheil oder Vermögen, soviel jedem gebühret.

Proſequiren, einen Handel nachkommen, ihn vollführen.

Protegiren, beschützen; daher Protection, Beſchirmung; Protector, der Beschützer.

Proteſtiren bey einem Wechselbrief geschieht, wenn der, dem der Wechselbrief präsentirt wird, selbigen nicht acceptiren will, damit theils nicht könne geleugnet werden, daß er gehörig präsentirt worden, theils auch, damit der Präsentant alles Schadens wegen, der ihm daraus entstehen könnte, gesichert sey. Es muß daher eine solche Protestation von einem Notario im Beyseyn einiger Zeugen gerichtlich niedergeschrieben werden.

Protocollum, ein Buch, darin wichtige und gerichtliche Handlungen verzeichnet werden; daher protocolliren, niederschreiben.

Provediren, versehen; daher Provision, die Belohnung, die man einem giebt, ein oder mehr vom Hundert, da er Waaren für einen ein- oder verkauft, für das Geld Bürg, oder del credere gestanden; item, für einen Gelder empfangen und wieder ausbezahlt hat.

Proviant, Lebensmittel.

Proxime, mit ehesten, nächsten.

Publique, öffentlich.

Punctuellement, genau und ohne Mangel.

Q.

Q.

Quadriren, vervielfältigen, sich wohl zusammen
schicken; Quadrat, eine viereckigte Figur.

Quadrupliren, einen einfachen Theil viermal vermehren, vervielfältigen.

Quæstion, eine Frage, auch Streit.

Qualificiren, sich zu einer Sache oder Handlung
tüchtig machen; qualificirt, geschickt; Qualité,
Stand, Würde, gute Beschaffenheit; die
Waare ist von perfecter Qualité.

Quantité, die Vielheit, oder die Zahl eines
Dings; wie groß oder wenig es seye.

Quantum, eine gewisse Summa, oder Preiß.

Quart, der vierte Theil; davon Quartal, ein
Viertel Jahr.

Quartier, Herberg, Gegend des Orts.

Quasi vero, warum nicht, ich dachte.

Quid pro quo, ichtwas für etwas, eines fürs
andere.

Quiesciren, acquiesciren, zufrieden seyn.

Quinquinell, Anstands-Brief auf 5. Jahr mit
der Zahlung verschont zu seyn; item Eiserner
Brief.

Quintessenz, das Beste, so aus allerley Materia
gezogen wird.

Quittiren, loßsprechen, loßzehlen; daher quit-
tence, Loßzehlung oder Quittung.

Quodlibet, ein Reim oder Buch, darin man allerley einschreibt, und durcheinander mischt.

Quota, der Antheil, Anlage.

Quovismodo, auf allerley Art und Weise, es komme, wie es wolle.

R.

Rabat, Disconto, Interusurium, sind diejenigen, Intereßen, welche ein Käufer dem Verkäufer abziehet, wenn er ihn bezahlet, da doch dem Contract nach die Zahlung erst nach einer bestimmten Zeit hätte geschehen sollen.

Radiren, auslöschen, vom Papier auskratzen.

Raffinirt, verschlagen, listig.

Raison, Vernunft, Billigkeit.

Raisonniren, von etwas klug urtheilen.

Rangiren, in die Ordnung stellen.

Rapportiren, berichten, Rapport, Bericht.

Rasiren, schleiffen, niederreissen.

Ratificiren, genehm halten; daher ratum & gratum, stet und angenehm; Ratio, Vernunft, Ursache; ratio status, Staats-Angelegenheit.

Realiter, an sich selbst, eigentlich, wirklich.

Reassumiren, erneuern, wieder vornehmen.

Receß, ein richtiger Vergleich.

Recipisse, schriftlicher Schein über empfangenes Geld, Brief oder anders.

Reciproque, im Gegentheil, Wechselsweise.

Reclamiren, widersprechen.

Recognosciren, ausforschen.

Recolligiren, sich wieder erholen.

Recommandiren, einen loben, in eines andern Gunst und Vorsorge empfehlen; Recommendation, eine Empfehlung.

Recom-

Recompensiren, einig machen, wieder vergelten, vergleichen; daher Recompens, ein Geschenk, Verehrung.

Reconnoisançe, Dankbarkeit, Vergeltung.

Recreiren, ergötzen.

Recta, gleich zu, ohne Umschweiff.

Rectificiren, richtig machen.

Recusiren, refusiren, wieder abschlagen.

Reduciren, zurück führen, zurecht bringen.

Referiren, eine Sache vorbringen, berichten; daher Relation, Vortrag, Erzählung; Referendarius, der Berichte abstattet.

Refieri, diese oder jene Gegend.

Reflectiren, bedenken, betrachten, acht geben; Reflexion, Bedenken, Erwegung.

Reformiren, ändern, in andern Stand setzen; Reforme, Veränderung.

Refraichiren, sich erfrischen, erquicken.

Refundiren, erstatten, wieder geben.

Regaliren, einen wohl halten, beschenken.

Regard, Ansehen, in Regard dessen habe rc.

Registriren, jede Briefschaften ordentlich an ihre Stelle setzen.

Regreß, eine Wiedersuchung eines erlittenen Schadens; ich weiß mich schon zu regressiren.

Regulariter, ordentlicher Weise.

Reguliren, richten, in Ordnung bringen; Reglement, Einrichtung.

Relaxiren, erlösen, entbinden.

Relegiren, des Landes verweisen.

Remarquiren, merken, acht geben; daher remarquable, merkwürdig.

Reme-

Remediren, einer Sache rathen, abhelfen.

Remisen, Geld-Lieferungen, abgeschickte Zahlungen; er hat seine Remissa bereits übertommen; er hat bereits ihme remittirt, id est, das Geld per Wechsel übermacht.

Remittent, heisset diejenige Person, welche einen traßirten Wechselbrief vom Traßanten erhandelt, und demselben die Valuta dafür zahlet; daher er auch der Geber genennet wird.

Remonstriren, erweisen, vorzeigen.

Removiren, abschaffen, hinweg thun.

Rencontriren, einem begegnen, antreffen; Rencontre, Begegnung; wird auch im Streit-und Schlägerey-Sachen genommen.

Renitenz, Widerstand.

Renommé, das Gerücht, der Ruf und Credit, worin man ist.

Renoviren, erneuern; Renovation, oder Renovirung, Erneuerung.

Renten, Zinsen, jährliches Einkommen.

Renunciren, sich eines Dings verzeihen, oder begeben; item etwas absagen, sich wovon lossprechen.

Repariren, ergänzen; Repartition, die Austheilung.

Repaßiren, zurück kommen.

Repetiren, wiederholen.

Repliciren, gegenantworten; Replique, Gegen-Antwort.

Repondiren, antworten.

Repoußiren, zurück treiben, abhalten.

Repræsentiren, abbilden, vortragen.

Repref-

Repreſſalien, Gegen-Macht, wann einer gleiches mit gleichem vergilt.

Reprimande, Verweiß, Ausſcheltung; daher reprimandiren, Verweiß geben.

Reproche, Vorwurf, Vorrückung.

Reputation, Ehre, Anſehen; reputirlich, löblich.

Requiriren, erſuchen, bitten; Requiſita, Zubehör, was zu einer Sache erfordert wird.

Reſcontriren, gegen einander abrechnen; item ein Journal nachſehen, ob alle Poſten wohl übergetragen ſind; ein Reſcontro iſt, wann auf der Börſe ein Kaufmann dem andern Wechſel oder Rechnung præſentirt, und derjenige, ſo ſolchen bezahlen ſoll, die Anweiſung auf einen andern thut, dieſer wieder auf den dritten, vierten, fünften und mehr hinaus, bis endlich einer das angewieſene Geld per Caſſa bezahlt. Durch Wechſel aſſigniren die Kaufleute unter einander richtig, ohne die Mühe des Geld-Zählens zu haben; iſt eine Art einer Banco.

Res credita, ein vertrautes Ding.

Reſcribiren, zurückſchreiben; Reſcript, ein ſchriftlicher Befehl.

Reſervata, Vorbehaltung; Reſerve, der Hinterhalt.

Res judicata, eine verurtheilte Sache.

Reſigniren, abdanken, Dienſt auffünden.

Reſiſtenz, Widerſtand.

Reſolviren, ſich über eine Sache entſchlieſſen; Reſolution, Entſchluß; reſolut, keck, munter.

Reſpective, inſonderheit, auf gewiſſe Art und Weiſe.

Reſpect-oder Reſpit-Tage, item Diſcretions-Tage, werden die Tage genennet, welche dem

E 4

Debi-

Debitori nach verfallenem Wechselbriefe, die
Zahlung zu erleichtern noch nachgesehen werden

Respiriren, sich erholen.

Ressentiren, hochempfinden.

Restabiliren, wieder ersetzen.

Restiren, übrig bleiben; daher Restanten, die
noch etwas schuldig sind.

Restituiren, wiedergeben; daher restitutio in integrum, die Setzung in erst und vorigen Stand.

Retardiren, verspäten, verzögern; retarde, ri-
tardo, Verweilung.

Retiriren, weichen, zurück ziehen; daher reti-
rade, die Zurückziehung.

Retourniren, wieder zurück kehren; daher Retour,
Wiederkunft.

Retour-Waaren, sind diejenigen, so ein Kaufmann statt seiner wohin gesandten zurück be-
kommt.

Retour-Wechsel sind solche, welche einer statt
eines an andere Orte geschickten Wechsels empfängt.

Retractiren, wieder zurückziehen.

Revangiren, sich rächen; daher Revange, Rache.

Reversiren, sich verpflichten; daher Revers, ein
Gegen-Schein, Versicherung.

Revertiren, wieder kommen, anders Sinnes
werden.

Revidiren, überlesen, nachsehen; daher Revi-
sion, Durchlesung, Untersuchung.

Reukauf, heißt die Strafe, welcher derjenige
sich unterwerfen muß, so von einem richtig

ge-

geschlossenem Contract vor Erfüllung desselbigen abgehet.

Revociren, widerruffen.

Revoltiren, einen Auffstand erregen.

Reußiren, zum Zweck kommen.

Rispolta, Gegen-Antwort.

Risquiren, risiquiren, wagen, etwas per hazard thun.

Rottiren, sich zusammengesellen.

Route, der Strich oder Weg, den man zu einer Reise nimmt.

Ruiniren, verderben; daher Ruin, Verderb.

Rumor, ein Geschrey, Auflauf.

Ruptur, Bruch, Aufhebung eines Bündnisses.

S.

Saison, die Jahrszeit.

Salarium, eine Besoldung, die man Bedienten und andern giebt.

Saldiren, richtig machen; eine Rechnung saldiren; per Saldo oder per Schluß der Rechnung.

Salviren, befreyen, sich losmachen; in salvo bringen, in Sicherheit setzen; salvo errore calculi, mit Vorbehalt, so in der Rechnung was verstossen; Salvus conductus, sicheres Geleite.

Salutiren, grüssen, willkommen heissen.

Satisfaciren, genug thun; daher Satisfaction, eine Genugthuung; diese Sache ist mir nicht satisfait genug; es ist nicht geschehen, was geschehen sollen.

Scadenza, Verfallzeit.

E 5

Scaliren, schimpfen, spotten.

Scarta faccia, ist eine Schrift, welche die Banquiers zum Gedächtniß aller Wechsel und Waaren, mit welchen sie in der Messe umgehen, halten, und auf der Börse in Händen haben.

Scripturen, allerhand geschriebene Sachen.

Scrupel, Zweifel; scrupuliren, in Bedenken stehen.

Secreta, Heimlichkeiten; secretiren, geheim halten.

Secundiren, einem an Handen gehen; Seconda-Wechselbrief, der andere Wechselbrief in Mangel des Prima.

Securité, Sicherheit.

Sensal, ein Mäckler in Wechsel-Sachen.

Sentenz, Urtheil, Bescheid.

Sentiment, Meynung, Gedanken.

Separiren, abtheilen, scheiden; daher Separation, Absonderung.

Sequestriren, bedeutet ein streitig Gut, worüber ihrer zwey sich zanken, verwalten.

Serviren, dienen; Servitut, Dienstbarkeit.

Session, der Sitz, Ehrenstelle in einem Collegio.

Sigill, Signet, ein Petschaft, so auf die Briefschaften gedruckt wird.

Signalisiren, sich wohl erweisen.

Simuliren, sich verstellen.

Sinceriren, versichern, sein Herz eröffnen; daher Sinceration, aufrichtige Versicherung.

Situation, Landes-Gegend.

Societät, Gesellschaft.

Sola, ein einiger Wechsel, da kein prima und secunda ist.

Solennitäten, Zierlichkeiten, herrliche Umstände.

Sollicitiren, anhalten, bieten.   Sol-

Sollicitateur, ein Schulden-Einnehmer; Sollicitation, Anhaltung, Begehren.

Solvendo seyn, zahlen können.

Sondiren, forschen, ergründen, auskundschaften.

Sopiren, stillen, beylegen, vertragen.

Sortiren, ausschiessen, bey einer Waare oder andern Dingen; daher Sortiment, eine auserlesene Parthie Waare; es ist alles wohl sortirt, mit allerhand frischem Gut versehen.

Soulagiren, trösten, überheben; daher Soulagement, Zufriedenstellung.

Souteniren, behaupten, vertheidigen.

Spargiren, ausbreiten; Spargement, eine falsche Zeitung.

Species facti, der Verlauf der Sache.

Specificiren, ein Ding klärlich anzeigen, eine Specification über Waaren heraus geben; *specifice*, insonderheit.

Specimen, Beweis, Darthuung.

Spectacul, ein Anblick.

Speculiren, Speculation machen, einem Ding nachsinnen, nachgrübeln.

Spediren, ein Gut weiter weg- und absenden; Spedition eine Versendung; Spediteur, ein Güter-Versender.

Spendiren, beschenken; daher kommen Spendagen, Verehrungen; Spesen, Unkosten.

Spioniren, auskundschaften.

Spoliren, berauben, plündern.

Sporco, heißt soviel, als unrein, da die Tara noch nicht abgezogen.

Sportuln, Gerichts-Unkosten und Neben-Accidenzen.

Sta-

Stabiliren, etabliren, befestigen, anstellen, sich setzen.

Staffetta, Brief, so durch einen Courier überbracht wird.

Stante pede, alsobald; daher Stante in Handlungs-
Briefen soviel als instehenden Monats bedeutet.

Stapel, ist das Recht, Waaren zum Verkauf an-
zuhalten, ehe sie anderswo ausgeführet werden.

Statuiren, gebieten, setzen, dafür halten.

Statuta, Gesetze, so in einer jeden Stadt a part
gesetzt, und darnach man daselbst zu leben und
sich zu richten verbunden ist.

Stechen, verstechen, changiren, heißt Waare
gegen Waaren geben.

Stellage, ein Gerüst.

Strapaziren, müde machen, übel tractiren.

Stratagema, List, Erfindung.

Strazze, Kladde, Brovillard, ein Klitterbuch,
da man alles in der Handlung passirende hinein
notiret.

Stylisiren, eine Schrift nach ihrer Art setzen;
Stylus, eine Schreibart.

Subhastiren, öffentlich feil bieten und verkauffen.

Subject, unterworfen.

Subleviren, einen etwas überheben.

Submittiren, sich demüthigen, zu etwas bequemen.

Subscribiren, unterschreiben.

Subsidien, Hülfsmittel.

Subsistenz, Unterhalt, Hülfe.

Substanz, die Kraft, das eigentliche Wesen eines Dings.

Substituiren, einen den andern zum Gehülfen setzen.

Subtrahiren, abziehen.   Suc-

Succediren, nachfolgen; Succeſſio, **Nachfolge;** ſucceſſive, nach und nach.

Succuriren, zu **Hülf** kommen; daher Secours, **Hülfe.**

Sufficit, genug, **es bleibt dabey;** ſuffiſant, genugſam.

Sui Juris, der ſein eigner **Herr** iſt.

Suite, das **Geleit, Gefolge.**

Suppliciren, mit einer **Bitte einkommen; daher** kommt Supplique, eine **Bittſchrift,** und Supplicant, ein **Bittender, Klagender.**

Sypprimiren, unterdrücken.

Sympathie, **Uebereinſtimmung der Natur.**

Symptomata, **allerhand ſich ereignete Zufälle.**

T.

Taille, **Geſchicklichkeit des Leibes.**

Talionis Jus, das **Recht der Wiedervergeltung.**

Tara, der **Abzug an Waaren für den Sack oder Fäßer;** Tariren, **abziehen.**

Tardence, tardenza, **Verweilung,** tardiren, verweilen.

Tariff, Commercien-**Vergleich, Zoll, Rolle.**

Taxiren, ſchätzen, **wie hoch ein Ding im Werth** iſt; Taxa, **der Werth einer Sache.**

Temperament, eine **Vergleichung oder Milderung** in Staats- und andern Sachen.

Tempo, die **gute Gelegenheit;** das tempo treffen.

Tenor, der **Inhalt oder Begriff einer Sache.**

Tentiren, verſuchen.

Terminiren, zu **Ende bringen; daher Termin,** eine beſtimmte Zeit, **wann man zahlen ſoll.**

Territorium, **Landſchaft, Gebieth.**

Teſtimoniales, **Zeugnuß-Briefe.**

Titu

78

Titulatur, die Beehrung oder Aufschrift eines
  Briefs.
Tolleriren, ertragen, erdulten; tollerance, Ge-
  dult, Erträglichkeit.
Torquiren, ängstigen, martern.
Tort, Unrecht, Gewalt, Verdruß, totius cau-
  sæ scopus, der ganzen Sache rechter Zweck.
Totaliter, ganz und gar.
Touchiren, einem etwas zuwider thun.
Tour, eine Reise, Umweg, Spaziergang.
Tourbiren, beunruhigen.
Tractament, Verpflegung; Tractaten, Hand-
  lung; zum Vergleich tractiren, eine Sache
  abhandeln.
Traduciren, übersetzen; traductio, Uebersetzung.
Traficiren, handeln; trafice, Handlung.
Trainiren, aufhalten, auf die lange Bank schieben.
Transigiren, sich in Güte vergleichen.
Transmittiren, übersenden.
Transportiren, fort- oder überbringen; daher
  kommt Transport, so in Rechnung gebraucht
  wird.
Trassiren, Wechsel auf einen ziehen; daher tra-
  ta, ein gezogener Wechsel; Trassent, der Wech-
  sel zieht.
Traversiren, hindern.
Tribut, Zins, Einrichtung, Zoll.
Triplum, das dreyfache.
Troppo, zuviel.
Troublen, Unruhen.
Tumultuiren, empören, Aufstand machen.
Turbiren, verhindern, beunruhigen; Turbation,
  Empörung.   V.

V.

Vagiren, herumschweifen: vacant, ledig; vacanz, Erledigung.

Valediciren, Abschied nehmen.

Valediren, gültig seyn.

Valuta, der Preiß, Werth eines Dings; ich habe die Valuta von ihm empfangen; die Waar ist in valor, will soviel gesagt seyn, als sie ist gesucht, angenehm.

Variable, veränderlich.

Vasal, ein Lehenmann.

Veneriren, ehren; Veneration, Ehrerbietung.

Verificiren, wahr machen, etwas bezeugen.

Vice versa, umgekehrt.

Victualien, Lebensmittel.

Vidimiren, heißt, wann eine Abschrift eines Briefs gegen ein Original durchgelesen und sodann von einem Notario unterschrieben wird.

Vigiliren, wachsam seyn; er ist sehr vigilant auf seine Sache, nemlich munter und aufmerksam; vigilance, Wachsamkeit.

Vigoureus, frisch muthig; Vigeur, Herzhaftigkeit.

Vindiciren, etwas sich zueignen, rächen.

Violiren, beleidigen, verletzen.

Visitiren, besuchen.

à Vista, auf Sicht, id est, den Wechsel gleich bezahlen, sobald er præsentirt worden.

Vivres, Lebens-Mittel.

Voiture, Vettura, eine Befrachtung der Güter; Lettre de voiture, ein Frachtbrief.

Votiren, seine Stimme geben; Vota majora, die meisten Stimmen.

Union,

Union, Vereinigung, Vergleichung.

Urgiren, antreiben, erörtern.

Uso, soviel, als 14. Tag, halb uso 8 Tag, uso doppio 4 Wochen, nach welchen die Bezahlung zu thun; Usance, usage, Gebrauch.

Ut infra, wie unten.

Ut supra, wie oben.

Vulgata jura, gemeine Rechte; vulgariter, gemeiniglich.

W.

Wardein, ein geschworner Münz-Probierer.

Wechselbriefe, literæ cambiales, lettres de change, sind kleine Briefe oder Zettul, worinnen ein Kaufmann von seinem Correspondenten an einem andern Ort verlanget, die im Briefe bemerkte Summe Geldes dem Ueberbringer des Briefs zu zahlen.

Wechsler werden nicht nur die Banquiers genennet, sondern auch diejenigen, die eine Geldsorte gegen eine andere um gewisses Aufgeld verwechseln.

Wucher, Usura, heißt das Geld, so ein Schuldner vor die Nutzung des Capitals zahlen muß.

X.

Xenium, Xeniolum, ein Geschenk.

Z.

Zechini, Venedische halbe Ducaten.

Zelus, der Eifer, Mißgunst.

Zephyrus, der Wind von Westen.

Zink, ein metallisches Marcasit, oder natürliche Mixtur aus 4 unreiffen Metallen.

Zoilus, ein Tadler.